发挥所长 孩子幸福

梁国亮 ◎ 编著

北京理工大学出版社
BEIJING INSTITUTE OF TECHNOLOGY PRESS

图书在版编目(CIP)数据

孩子幸福，发挥所长：优势型家长亲子教育必读21法则/梁国亮编著.—北京：北京理工大学出版社，2015.5

ISBN 978-7-5682-0565-8

Ⅰ.①孩…　Ⅱ.①梁…　Ⅲ.①家庭教育　Ⅳ.①G78

中国版本图书馆CIP数据核字(2015)第090325号

出版发行 / 北京理工大学出版社有限责任公司
社　　址 / 北京市海淀区中关村南大街5号
邮　　编 / 100081
电　　话 / (010)68914775(总编室)
82562903(教材售后服务热线)
68948351(其他图书服务热线)
网　　址 / http://www.bitpress.com.cn
经　　销 / 全国各地新华书店
印　　刷 / 北京佳顺印务有限公司
开　　本 / 710毫米×1000毫米　1/16
印　　张 / 18
字　　数 / 232千字
版　　次 / 2015年5月第1版　2015年5月第1次印刷
定　　价 / 28.00元

责任编辑 / 张慧峰
文案编辑 / 张慧峰
责任校对 / 孟祥敬
责任印制 / 边心超

发现孩子潜能优势 实现孩子幸福人生

——推荐序

北京师范大学心理学博士，环度首席专家　沃建中教授

华夏大地，因梦想变得飞扬热烈，因梦想变得无比厚重。承载着亿万人民的梦想与重托，习近平总书记说：“中国梦归根到底是人民的梦。”“实现中华民族伟大复兴的中国梦，就是要实现国家富强、民族振兴、人民幸福。”

就人民的幸福而言，我认为可以落实在身体健康、家庭幸福和事业有成上。其中，家庭幸福是重要的一个方面，而一个家庭要想幸福，良好的亲子关系就是必备的条件。

而一个家庭要想建立良好的亲子关系，心理学就是一门实用的学科和工具。在欧美等发达国家，特别是在以强调应用科学而著称的美国，心理学作为一门实践科学被摆在了相当重要的位置上，并已经渗透到了人们生活的方方面面。在美国，上至公众人物，下至普通老百姓，对心理学都表现出浓厚的兴趣。在我国，心理学的应用也表现出如火如荼的趋势。梁国亮编著的《孩子幸福，发挥所长》一书就可以看成是心理学在亲子教育方面的具体应用。

在亲子教育问题上，本书强调优势教育。优势教育的背景学科是积极心理学。积极心理学是国际上非常热门的心理学分支，它强调研究人的积极和优势的一面，而不要只注重研究人的消极和劣势的一面。优势教育就是积极心理学在教育领域中的具体应用，强调用积极的视角看待孩子、教育孩子，发现孩子独特的大脑优势结构，因材施教，将孩子的潜能释放出来，最终让孩子过上幸福的人生。

本书第一部分，描述了中国家长在教育孩子上的7个常见误区，有一定的典型性，值得家长们对照和反思。

本书第二部分，描述了家长教育孩子的11条共性法则，应该说这一部分涵盖了家长教育孩子的各个方面，比较完整。其中，第一法则为“系统法则”，还是有一定的新意的。的确，教育孩子是一个系统工程，相信家长们过去对此可能已经有了一定的意识，但本书明确提出后，还是值得思考和领悟。另外，其他法则如“榜样法则”“逆商法则”“财商法则”等，虽然其他亲子类图书里面也都有阐述，但本书的总结描述还是较为简洁实用的。

本书第三部分，描述了家长教育孩子的10条个性法则，这一部分是本书的特色和亮点。我本人也完全同意，家长教育孩子，不但要培养孩子的基本素质，如学习好、情商高、能够抗挫折，等等，更要发现每个孩子独特的基因（DNA）、独特的优势和天赋，并且根据这些天赋找到孩子合适的人生定位和位置，活出每个孩子自己独有的精彩人生！这一部分的“优势法则”“定位法则”“位置法则”等，都比较有特色，值得家长一读。另外，在这一部分中，作者重点论述了如何让孩子了解自己、发现自己的优势，如根据兴趣、能力、性格、价值观等综合分析，找到孩子的长处，也介绍了霍兰德理论、加德纳理论、MBTI理论等，这些理论是心理学中的常见知识，但对普通的家长而言，可能不一定很熟悉，适当了解一些，还是很有必要的。

当然，需要指出的是，心理学的工具很多，除了本书中所提到的之外，还有一些好的测评工具，如环度生涯规划的“脑AT技术”，就是吸收了国内外的最新研究成果，依据现代心理测量理论，以个体心理发展的脑机制为出发点，重新建构了心理潜能理论体系，对人的终身发展、学习生活、职业规划等提供前瞻性、科学性的指导和帮助，这项技术是唯一一项获得该领域内发明专利的技术。运用“脑AT技术”，可以帮助孩子更好地发现潜能优势，并根据优势确立一辈子的核心目标，做好生涯规划，让孩子更好地适应社会，身心健康，一辈子幸福快乐。以上这些思想与本书的核心观点是完全一致的。

总之，梁国亮编著的《孩子幸福，发挥所长》一书虽然字数不多，但简洁实用，而且有一定的心理学背景和特色，如发现优势、发挥优势、找到定位、占对位置等，值得肯定。当然，本书还是有一些遗憾，如因字数限制对某些问题的阐述不够透彻等。

希望家长们能读读本书，给自己带来一些启发，一些改变，让更多孩子的人生更加幸福，让更多家庭和谐美满，为中国梦的早日实现增砖添瓦!

孩子幸福，发挥所长

——自序

现在市面上亲子教育类图书已经很多，那我为什么还要写这本书？家长为什么还要读这本书？

这要从易中天先生的一个观点谈起。易先生曾表示：没有颠覆，何必写书？

本书不敢说颠覆，但试图有所创新。

写作风格上，我们追求“比专业更通俗，比通俗更专业”。也就是说，比专业心理学书籍的语言更通俗一些，让读者容易读懂；比通俗的心灵鸡汤又多一点专业的心理学背景，力争有一定的科学性。

写作框架上，我们认为家长育儿，更应该学会系统思维，把握一些教育孩子的基本原则，重要的是学习“道”而不单纯是“术”。所以在本书的编辑中，我们力争框架简约，让读者易读易记。

写作内容上，市面上的亲子类教育图书，大多详细阐述了亲子教育中的关键问题，如学商、情商、逆商、德商等，较少提到怎样发现孩子的长处和优势，结合社会需要，找准孩子的“人生定位”和“人生位置”。我们认为，家长培养孩子，将来在社会上如何“发现优势并准确定位”、如何找到“合适人生位置”，这才是孩子人生中极具意义的战略课题，也是孩子真正辉煌人生的开始！在本书的第三部分，我们针对这个问题进行了重点阐述，这也是本书较有特色的内容。

再谈一谈本书的理论基础。

一个人，如果没有点精神信仰，就如同行尸走肉。一本书，如果没有一定的理论作为支撑，就没有灵魂。教育理论，林林总总，多如牛毛，而本书提倡的教育理论是以积极心理学为背景的“优势教育”理论。

积极心理学是20世纪90年代在美国兴起的一股现代心理学潮流，它强调多去研究人的积极向上的心理品质，如乐观、希望、幽默、韧性等，而不是一味去研究人的消极悲观的心理品质，如倦怠、伤心、抑郁、失望等。总之，积极心理学主张研究人性中积极、阳光的一面，发现人类的优势，发挥人类的优势，让人们的生活更加幸福。

“优势教育”是建立在孩子大脑优势区域基础上的一种教育方式，即针对孩子大脑结构的不同而实施的个性化学习方案。其特点是在教育过程中，让孩子的个性尽情释放、发挥。

中国古代教育家孔子早就提出因材施教的理念。但是受到当时条件的制约，没有办法对“材——教学对象”进行充分的认识，因材施教也一直停留在概念阶段。20世纪末，美国哈佛大学教育专家提出“优势教育”的理念，逐渐被世界各国接受并推广。各国教育家逐渐认识到“优势教育”是以人为本、因人而异，是一种建立在人脑科学基础上先进、科学的教育方式。而“优势型家长”则是欣赏“优势教育取向”的家长类型，并将这种“教育取向”贯彻到实际的教育行为中去。

本书正是以积极心理学为背景，以“优势教育”理论为主线，将所有的内容串联起来。

最后谈一谈本书的内容框架。

第一部分，是劣势型家长教育孩子的常见误区。事实上，每个家长都百分之百爱自己的孩子，但百分之八十的家长不一定知道如何科学地教育孩子，回顾一下常见的几种典型误区，并引以为戒，我们认为还是很有必要的。

第二部分，是优势型家长教育孩子的11条共性法则，我们把它定义为家长的“公共课”，即家长都需要了解和学习的内容。这一部分内容，很多亲子教育类图书里面都有阐述，我们力争典型、实用。

第三部分，是优势型家长教育孩子的10条个性法则，我们把它定义为家长的“专业课”，帮助家长根据自己孩子的个性特点，进行“因材施教”。对这部分内容，我们力争结构清晰，可读性强。

希望读者读完本书，能够有所启发、有所触动、有所改变。优势型家长不但能将自己的孩子培养成素质全面的优秀人才，还能“发现孩子优势”，帮助孩子找到“合适人生位置”，最终让孩子过上有意义的、幸福的人生！

本书适合3~18岁孩子的家长阅读，对在校大学生、中小学教师、亲子教育爱好者也有一定的意义和价值。

是为序。

梁国亮

2015年5月

目录
content

第一部分：劣势型家长的“7种武器”

劣势型家长是相对于优势型家长而言的，指的是打压多于鼓励、负面思考多于正面思考的家长类型。基于我国传统，在自觉和不自觉间，这种类型的家长数量目前仍然较多，对孩子的健康成长非常不利，需要引起家长的高度重视和深刻反思！

第二部分：优势型家长的11条共性法则

优势型家长指的是“优势教育取向”的家长类型。此类家长往往从积极、正面的角度来看待孩子和对待孩子，表扬和欣赏多于批评和打击。在实际的教育实践中，这种类型的家长教育效果也往往比较理想。为了便于理解，我们将优势型家长的教育理念分解为11条共性法则。希望家长能认真领会这11条法则，把孩子培养成素质全面、人格健全的优秀人才。

第三部分：优势型家长的10条个性法则

优势型家长除了培养孩子良好的基本素质外，更应该根据孩子的长处和优势，帮助孩子在社会中找到“正确定位”和“合适人生位置”，在激烈的社会竞争中脱颖而出。下面的这10条法则是优势型家长教育孩子的个性法则，家长应该因材施教，根据孩子的长处有针对性地加以培养，最终让孩子过上有意义的、幸福的人生。

第一部分：劣势型家长的“7 种武器”

劣势型家长，是不善于发现孩子的长处和优势，容易盯住孩子的缺点、喜欢挑出孩子缺点的家长类型。典型的例子是，一个孩子考试考了 80 分，劣势型家长就会这样抱怨：“孩子，考得还不错，但错的那 20 分是怎么回事?”

而优势型家长的思维模式恰恰相反，如果一个孩子考试考了 20 分，优势型家长当然也不高兴，但却会这样委婉地表达：“孩子，这次考得虽然不好，但相信通过你自己的努力和我们的帮助，下次考试成绩一定会有大的提升!”

本质上，这是一种教育哲学的问题，是挑错教育还是优势教育的问题。

这一部分所罗列的“7 种武器”，是劣势型家长在教育孩子时，经常存在的典型问题，每种类型都可能对孩子造成一定的伤害。希望各位家长认真读读以下“7 种武器”，看看有没有您的身影，并引以为戒。

需要说明的是，像“过度溺爱型家长”，表面上看起来并不属于劣势型家长。但我们认为，从结果而言，过度的溺爱本质上也是对孩子的一种伤害，因此也一并归到“7 种武器”里面。

第一种“武器”：语言暴力型家长

这种类型的家长，动不动就对孩子施以语言暴力，还美其名曰“打是亲骂是爱”，其实，语言暴力是最残忍的希望剥夺者，严重打击孩子难能可贵的自信心！“中国少年儿童平安行动”曾公布了一项“你认为最急迫需要解决的校园伤害”的专项调查，结果显示，81%的被访小学生认为“语言伤害”是当今最急需解决的问题。鉴于这种武器的致命杀伤力，因此当仁不让地排在“7种武器”之首！

语言暴力型家长的具体表现及点评

镜头之一：5岁的小丽不小心把杯子打碎了，爸爸气急败坏地说：“真是个笨蛋，一点都不小心……”

点评：家长这种对人不对事、直接进行人身攻击的“破坏性批评”，会导致孩子不正确的自我评价，使之丧失自信，容易变得自卑。

镜头之二：6岁的亮亮在外面和小朋友打架，哭着回到家里，爸爸恶狠狠地说：“我怎么这么倒霉，生了你这么个不争气的孩子，连打架都打不过别人。”

点评：亮亮爸爸不去问清楚孩子打架背后的真正原因，没有安慰，不分青红皂白的责骂，会让孩子失去正确的价值判断。

镜头之三：小明身体不舒服，躲在房间里独自流泪，不想吃饭，妈妈不但没有安慰，还大声呵斥：“整天哭哭啼啼，真不像个男子汉，除了会哭，你还会什么！”

点评：孩子不舒服，妈妈应该关心照顾；即使孩子不想吃饭，也应该体谅。小明妈妈的大声呵斥，会让孩子失去心理安全感，也直接打击到孩子的自信心。

镜头之四：上高一的洋洋期中考试考了全班倒数第一，向来要强的爸爸勃然大怒，脱口而出：“简直是个猪脑袋，干啥啥不成，就你这成绩，还想上大学，别做白日梦了！”

点评：洋洋考试没考好，自己本来就很自责，加上爸爸极端的语言暴力，会让孩子对前途失望甚至绝望。

镜头之五：丹丹非常热爱文学，将来的梦想是当作家，但妈妈很不认可，说道：“作家有什么好当的，整天舞文弄墨，又挣不来大钱，还是好好学习，下海经商吧！”

点评：应该说，孩子的梦想比黄金还要珍贵，父母对孩子的梦想应该精心呵护，悉心培养。丹丹妈妈功利性极强的语言，会让孩子否定自己的梦想，失去奋斗的目标。

对语言暴力型家长的深层分析

语言暴力，与中国的传统文化有关。

中国传统文化欣赏的是“棍棒底下出孝子”“打是亲骂是爱”，很多传统父母认为，不管自己做得对与错，孩子都应该通通接受！

再往深层分析，实际上有些家长认为孩子是自己的私有财产，没有站在孩子也是有尊严、有独立人格的个体的角度上来看待问题。

有些家长对此可能还不太服气：孩子是我的，我想怎么管就怎么管！但是，家长考虑到没有，孩子自出生后就是独立的个体，他有独立的思想和人格；更重要的是，孩子在慢慢长大，家长却在慢慢变老，等孩子长大以后，有了自己的想法和判断力，家长的“语言暴力”将变得不再有效！

有一个爸爸事业很成功，生意做得很大，姿态总是高高在上，对待员工很横，平时对待妻子、儿子的态度也很恶劣。

他对孩子说话从来都是命令式的，没有什么商量的余地；对待妻子也毫不留情，甚至在外面偷偷有了情人。

有一天，他回到家中，发现上小学四年级的儿子正在看电视，上前“啪”的一下就给关掉了。儿子没有抗议，一声不吭地回到自己房间。他对爸爸的做法早已习惯，但所有的委屈、不满都写在日记里。

还有一次，儿子在给同学发短信时，他正好从公司回来，生意上出了点问题，心情不好，就把火全部撒到孩子身上。他把手机一把夺过来，扔进垃圾桶！并且指着鼻子教训儿子：“就知道发短信，你以为养活你容易吗？有本事自己出去挣钱买手机!"孩子气得眼泪在眼眶里打转，但还是忍着不敢哭出声来，因为每次一哭，他怒火更旺，还会大骂"哭哭啼啼不像个爷们"!

过了几年，他得了重病，公司面临倒闭，情人也离他而去。他整日唉声叹气，躺在床上由妻儿照顾。有一次吃饭，他又以命令的口气让儿子盛饭，这时儿子已到青春期，发育得人高马大，再也不是那个逆来顺受的小男孩了，儿子回敬道："你又不是没有手没有脚，凭什么让我盛饭？你不是让我学习吗，我现在写作业去了!"

他气得不行，破口大骂，但儿子却丝毫不怕："别以为你生了我就可以侮辱我，告诉你，我觉得自己是你的儿子太倒霉了，这么多年了，你拿我当过人吗?!"

以上案例发人深思！在现实生活中，这样的家长并不少见，他们认为供孩子吃、喝、穿，自己就永远是正确的。**其实，强权、责骂、语言暴力只会埋下仇恨的种子。家长不平等地对待孩子，采取高压态势，会让孩子感到自尊被剥夺，产生屈辱感，甚至会产生仇恨心理！**等孩子有能力反抗的那一天，家长再想打压已经不管用了，再想后悔也来不及了。

所以，为了孩子的健康成长，家长对不良语言的使用应该谨慎小心！以为区区几句话不会对孩子产生多大的危害，气急之下口不择言，对孩子造成了巨大的心理伤害却浑然不觉。要知道，这种语言暴力是孩子希望和自信最残忍的剥夺者，应该引起家长的高度重视和深刻反思！

给语言暴力型家长支点招

家长要避免对孩子的语言暴力，其实并不是件难事。

首先，历史上无数惨痛的事例证明："口为祸福之门！"一个人的"祸福"往往是从嘴巴开始的。家长要从思想上深刻认识到"语言暴力"的强大杀伤力，如果控制不当，会对孩子的心灵造成巨大伤害，甚至严重打击孩子的自信心！家长在心情不好、想责骂孩子前，最好要冷静十秒钟，考虑一下责骂孩子带来的后果，十秒钟以后，您的想法和表达可能会有所改变。

其次，虽然从年龄上而言，家长是孩子的长辈，但孩子也是人，人格上应该与大人平等。家长要做孩子的良师益友，而不应认为家长高于孩子一切。有了这个思想高度，家长就不容易对孩子实施语言暴力。

第三，考虑到孩子的年龄特点，我们建议家长多用鼓励性、启发式语言与孩子沟通，"柔和"地与孩子相处。"柔和"往往"此时无声胜有声"，效果也许比"疾风暴雨"更好。

第四，家长即使批评孩子，也一定要讲究说话的艺术，多用"没关系""希望下次注意""我相信你能做得更好"等积极委婉的表达方式。

第二种“武器”：爱比较型家长

这种类型的家长，动不动就拿自己的孩子与其他孩子比较。无论是自己的孩子优秀也罢，不优秀也罢，凡事都要比较，“不比较无法活”。诚然，我们生活在一个高度竞争的社会里，外在的、内在的压力迫使我们去竞争、去比较。但孩子不是“货物”，他们是一粒粒“种子”，需要按照自己的生命规律慢慢地去发展，而不能一味地与他人比较。鉴于爱比较型家长存在的普遍性，我们将其列为第二种“武器”。

爱比较型家长的具体表现及点评

镜头之一：张亮数学考了78分，比邻居家东东少了20分，气得张亮妈妈一直在唠叨：“看看人家东东考了98分，你怎么就不如东东，也考个98分让妈妈高兴高兴？爸爸妈妈辛苦挣钱养活你，你就考了这么一点分?!我怎么生了你这么个笨儿子？一点出息也没有！”

点评：每个孩子的学习都有自身的特点和规律，不能一味地横向比较；科学的方式是让孩子遵循自身的学习规律，不断地超越自我。如果一味比较，孩子容易在同伴面前失去自信，不能正确对待学习，也容易失去自我。

镜头之二：晓宇爸爸下班回来，对晓宇妈妈说："听说隔壁小强报钢琴辅导班了，咱们家晓宇明天也报一个吧。凭什么咱们儿子就比他差?"

点评：由于每个孩子的核心优势不一样，家长应该因材施教，对症下药，根据孩子的兴趣、爱好，有选择地报辅导班。如果处处比较，容易让孩子失去自我，找不到自己真正的人生方向，这是目前很多中国家长的教育误区所在!

镜头之三："我儿子数学竞赛得了第一，校运动会上是百米冠军，还被推选为校学生会主席……"

点评：即使孩子非常优秀，也应该"有所保留"。这种"全盘肯定式"的比较，容易让孩子产生自满情绪，不能正确地认清自我、评价自我。如果将来遇到挫折，孩子的"心理反弹能力"可能较差。

镜头之四："我们家儿子真厉害，酒量都快赶上他爷爷了，可你们家明明，连一两酒都喝不了……"

点评：孩子本不应该饮酒，这是常识，更不应该与大人和同龄人比较酒量。这种不正确的价值评判，会让孩子的价值观产生偏差，甚至是非不分!

镜头之五："这孩子笨死了，考了个全班倒数第一！把我们家长的脸都丢尽了，我以后怎么还好意思见其他家长……"

点评：这种"全盘否定"的打击和比较，很容易挫伤孩子的自尊心，使孩子消极厌学。

对爱比较型家长的深层分析

“爱比较”，与当今中国社会大环境有一定关系。

中国自改革开放以来，经济高速增长，目前已成为世界第二大经济体。改革，给人们带来了巨大物质财富的同时，也给人们带来了浮躁情绪和功利思想。**有关资料表明，中国人是目前世界上最焦躁的群体之一。同时，由于信仰的缺失，很多人在纷繁复杂的社会中迷失了自我，越来越倾向于在与别人的比较中找到自身价值。**

我们不是反对比较，反对竞争。相反，适度的比较和竞争还会激发人们的斗志，促使人们积极地探索世界和参与社会活动。

但是，对孩子而言，过度的比较一定是有害无益的。有哲人说，世界上没有完全相同的两片树叶，同样，世界上也没有完全一样的两个儿童。了解儿童，发现儿童的优势和潜能，按照每个儿童自身的独特规律进行有针对性地培养，这才是教育的不二法门。

有一个自尊心很强的妈妈，对在读初中的女儿要求非常严格，女儿也非常争气，每次都是考全班第一，妈妈也因为女儿相当自豪，在亲戚朋友、左邻右舍中经常夸耀，感觉到很有面子。女儿也知道妈妈对自己的期望，学习非常努力；但女儿内心深处并不开心，平时也比较紧张，怕万一在关键考试中没发挥好，给妈妈脸上抹黑。

可生活就是这样，越担心的事情越是容易发生。中考时，女儿因为来了月经，加上晚上失眠，第二天考试没发挥好，估计考不上重点高中，只能上非重点高中了。

妈妈对女儿的发挥失常不但没有安慰和关心，反而责怪女儿："我一向喜欢和周围的人比，平时也都是以你为荣。你这回考砸了，连个重点高中都上不了，我怎么还有脸见周围的亲戚朋友?!"

压力巨大的女儿万念俱灰，在一个下午，一口气吞下了50片安眠药，想尽快结束自己的一生！好在发现及时，经紧急抢救后女儿才得以脱险……

由于妈妈过度的攀比心理，差一点酿成大祸！

其实，从我们过来人的角度看，人的一生很长也很短。案例中的女儿，一次考试没考好，没有进重点高中，不代表她的一生就此终结。如果妈妈调整好自己的心态，多去鼓励女儿，给女儿一个宽松的学习环境，我们相信，女儿完全能够再次名列前茅，高考时考上个好的大学加以弥补。

给爱比较型家长支点招

家长要避免陷入"爱比较"的陷阱，可以从以下几点做起：

首先，家长应该从思想上认识到，就像每粒种子的基因不一样，杨树种子会长成杨树，柳树种子会长成柳树，同样，每个孩子都有自己的特色"基因"，不可强求改变。只要孩子找到自己的优势，发挥出自己的优势，一生幸福就可以了，并不一定凡事都要超越别人。

其次，"爱比较"也会让家长陷入痛苦的轮回：即使自己的孩子再优秀、再聪明，也有可能被其他孩子超越。一味比较不但容易让孩子失去自我，也容易让家长失去自我。

第三，有哲人说：“成功不是打败别人，而是不断超越自己。”就像百米赛跑，全力以赴盯住自己跑道的选手，最后往往容易成为冠军。如果一味盯住别人比较，反而容易发挥失常。所以，我们建议各位家长，应该以“找到孩子自身优势、发挥孩子自身优势”为主线，而将“比较”放在次要的位置上。

第三种“武器”：分数至上型家长

这种类型的家长，认为“分分分，孩子的命根”“分数至上”，只要孩子学习好，什么干家务、花钱都无所谓，全家都围绕着孩子的分数转。至于孩子的自信、抗压、人际关系等这些事关孩子人生幸福的关键素质，统统都靠边站。我们认为，分数是很重要，但不是孩子的“命根”，学习只是孩子人生中的一个方面，绝不是全部！

分数至上型家长的具体表现及点评

镜头之一：爸爸得知正在读五年级的儿子又考了第一名后，高兴地对儿子说：“儿子，只要你好好学习，上个好初中，家务我和你妈都承包了，花钱你尽管提，就是想要颗星星，爸爸也想办法给你摘到！”

点评：分数至上，学习至上，让孩子的人生营养非常单一。这样的教育方式让孩子非常容易变成书呆子，只会学习，其他方面却根本无法适应。从长远角度上而言，家长的“爱”会变成“害”！

镜头之二：小宁上初二，成绩一向不错，一般是排在班里的前三名，平均成绩在95分左右。但是，小宁期中考试发挥失常，平均成绩只有90分，妈妈很不高兴地说：“小宁，那5分哪里去了？就是再差，也不能比95分少呀！”

点评：孩子考试偶尔发挥失常，是正常现象。小宁妈妈的唯分数是论，且不考虑当事人的具体情况，容易让孩子变得紧张、焦虑、不放松，抗挫折能力变差。

镜头之三：大海上高三，学习成绩一般，爷爷奶奶看在眼里，急在心里。老两口咬咬牙，把两人辛辛苦苦攒的看病的私房钱拿出十万元，给大海报了个高端辅导班，爷爷还语重心长地对大海说：“大海呀，只要你成绩提上去，考上个好大学，别说花钱了，就是要爷爷这条老命，爷爷也愿意给！”

点评：爷爷奶奶期望孩子提高成绩，考上个好大学，是合情合理之事。但老两口拿出自己治病的十万元钱给大海报辅导班，这件事情的合理性本身就值得商榷。再加上爷爷极端的语言，容易让孩子产生沉重的心理负担和负罪感，压力过大，学习成绩反而不容易得到提升。

对分数至上型家长的深层分析

“分数至上”，这是中国教育“甜蜜的毒药”。

之所以叫“甜蜜的毒药”，是因为“分数至上”听起来非常动听，也非常容易理解。但从长远来看，从人生实战的角度来看，它具有很强的欺骗性。因为到了真实的社会中，别人更重视的是孩子的人品、道德、能力、性格等，而绝不单单是学习成绩！

这个“毒药”不知毒害了多少人，不知道抹杀了多少孩子的创造力！

当然，客观地说，因为中国高校招生人数的限制和考生数量之间的矛盾，从1978年高考恢复以来，用分数作为选拔人才的依据，还是相对公平的选择。高考也发挥了其巨大的作用，为国家选拔了大量的优秀人才。

但到了21世纪，其他行业的改革已经是日新月异，如火如荼，而教育行业的改革却相对迟缓。社会的发展、企业的实际需要，越来越要求“人才”除了拥有一定的智力素质，更要拥有较强的非智力素质。在实际工作中，用人单位特别希望员工具有良好的人际关系、抗挫折能力等关键素质，而谁又在乎你上大学时政治、数学和英语考了多少分?!

在上大学以前，一考定终身，分数的确很重要。但孩子到了大学以后才发现：分数远没有想象中那么重要，而其他一些重要的素质如“自信”“宽容”等，想在大学期间弥补，却因为错过了关键发展期，想要弥补也已经有点晚了。孩子大学毕业以后，到了社会上更蓦然发现：因为其他素质跟不上，刚毕业就失业！家长和孩子这时候才深刻体会到，以前“分分分，孩子的命根”的想法不但幼稚，甚至可笑！

但目前的国内教育，仍然在分数教育的泥潭中痛苦地挣扎。

很多高素质人才、富豪举家移民国外的首要原因，就是国内的教育跟不上时代发展的要求。

这提醒我们的社会、教育部门、家长等都要进行深刻反思。一个国家的强大，强在人民，人民的强大，强在教育！教育首先要培养的是接地气、通人气的“人”，而不是一部部“分数机器”。

有一独生子，名字叫王国栋，在高中期间学习成绩一直名列前茅，爸爸妈妈对他疼爱有加，将所有的家务统统包揽，专心让国栋学习；经过国栋的刻苦努力和全家人的积极配合，国栋如愿以偿地考入北京一所名牌大学。

到了大学后，国栋的学习成绩仍然不错，但高中以前的教育缺失逐渐一一显露出来：衣服、袜子、床单、被罩都不会洗，于是他就送洗衣店洗，或干脆让妈妈从外地赶来北京帮忙洗好。

但有些事情是父母帮不上忙的，如在宿舍里，国栋不懂得与别人分享，比较自私，只愿意得到不愿意付出，人际关系比较差；同学们表面上对国栋客客气气，但私底下都不愿意与国栋说真心话，国栋也没有好朋友，内心非常苦闷。

还有，学校举办演讲比赛，看着其他同学在台上侃侃而谈，光芒四射，国栋心中无比羡慕，多么希望自己也能上台展示一下！但高中以前只知道学习、没有经过任何口才训练的国栋哪有勇气上台呀！

更要命的是，国栋已经过了青春期，也希望与异性交往，还偷偷喜欢上隔壁班的一个女孩，但根本不知道如何开始，有一次实在是忍不住了，在晚上上自习的时候给女孩写了张字条，上面写了“我爱你”三个字！女孩回头看了国栋一眼，背起书包就到另外一个教室上自习了。国栋心里这个难过呀，甚至想死的心都有了！他在心里大声呼喊：这到底是怎么啦？光学习好有什么用呀！这到底是谁的错！

这个案例，让人无限感慨！案例中的国栋，学习是没有问题，但一味的“学习至上”，让国栋的其他个人素养，如人际关系、口才、自信、异性交往等，严重缺失，上大学以后才发现，自己以前只重视学习的态度错得离谱！这让他无法适应学习以外的“生活”，而“如何生活”才是学生踏入社会后最重要的人生课题。

希望通过王国栋的这个故事，能够启发、触动我们的家长，平时教育孩子，不但要重视孩子的学习成绩，更要重视关系孩子一生幸福的非智力因素，两者兼顾，缺一不可！

给分数至上型家长支点招

对分数至上型家长，我们建议如下：

首先，家长要改变教育观念，认识到从人生长河的角度来看，孩子的学习成绩虽然很重要，但只是阶段性重点，更不是孩子人生幸福的唯一决定因素。有了这个高度，就不会为孩子某次考试多考一分两分、少考一分两分纠结了。

其次，孩子能考个好大学，当然很好。万一考不上好大学，也照样能成才，社会上的成功人士绝非都出自清华北大。只要孩子能发现自身的“闪光点”，找到正确的“人生位置”，每个孩子都能成才。

第三，在学校里，老师教得更多的是知识，重视的是分数教育。其他的非智力因素如良好的品德、性格、财商、逆商等，家长对孩子的影响可能要远远超越老师对孩子的影响。这就要求家长有意识、有步骤地训练孩子的非智力因素，如通过“赏识教育”培养孩子的自信心，通过“挫折教育”培养孩子的心理反弹能力等。

第四种“武器”：过度溺爱型家长

本来，家长对孩子的爱无可厚非，天经地义。但“过度的溺爱”却对孩子有害无益。现代社会，往往是六个家长（爷爷、奶奶、姥姥、姥爷、爸爸、妈妈）守着一个孩子。在当今众多“421”模式的家庭中，孩子成了长辈们争相宠爱的唯一对象。也许，我们真的应该重新思考，该如何来爱我们的孩子。

过度溺爱型家长的具体表现及点评

镜头之一：5岁的佳佳不小心摔倒了，碰到了桌子，磕了一下，哇哇大哭起来；爷爷心疼死了，一边将佳佳紧紧抱在怀里，一边用拳头狠狠地“揍”了几下桌子，并且恶狠狠地说：“打死你这个坏桌子，磕着我们家佳佳了……”

点评：佳佳摔倒了，磕了一下。正确的教育方法是爷爷提醒佳佳以后走路小心，或者将桌子的位置适当调整。家长如果把问题都归结到桌子上，容易让孩子形成一种错误的价值判断，即出了错都是别人的问题，不知道反思自身的原因，养成这样的思维模式后，对孩子未来的成长非常不利。

镜头之二：8岁的刘力，在小区的游乐场和小朋友争着玩陀螺，因闹矛盾和小朋友吵了一架，哭着回到家里。爸爸妈妈勃然大怒，拽着刘力到游乐场，把和刘力吵架的小朋友大骂一顿。回到家这还没完，爷爷带着刘力，到超市花了几百元，一口气买了五个陀螺！并且和刘力说："好孙子，咱们以后不和他们争了，你要什么爷爷给你买！"

点评：应该说，小朋友之间的打打闹闹再正常不过，无伤大雅的儿童打闹本质上也是一种游戏，对孩子的社会化很有好处。但刘力的父母不分青红皂白，将问题全部归结到其他孩子身上，这显然是错误的。更加错误的是爷爷又给刘力一次买"过量"的玩具，这容易让孩子觉得自己什么都是对的，很难形成与他人"分享"的好习惯，并且家长过度的溺爱容易让刘力失去与其他小朋友交往的机会。

镜头之三：处于青春期的晓华上初三，染上了抽烟、整夜上网的坏习惯，爸爸知道后大怒，痛打了晓华一顿。晓华本来有所收敛，但爷爷看在眼里，疼在心里，偷偷地塞给晓华一百元钱，并且悄悄地说："好孙子，烟别抽了，网可以上，以后别让你爸知道就行了！"可是事与愿违，晓华抽烟、上网的坏习惯越发变本加厉。但由于爷爷在那"横拦竖挡"，使爸爸陷于左右为难之中……

点评：青少年抽烟、过度上网本不应该，但更不应该的是爸爸采取武力的方式来解决问题，这会加重处于青春期孩子的叛逆心理。更糟糕的是，半路又杀出个溺爱的爷爷，使晓华的坏行为不但没有得到遏制，反而加重。

镜头之四：上高三的大力交女朋友了，为了讨好女朋友，把妈妈刚花五千多元给他买的iPhone 5S送给了女朋友。妈妈知道后，不但没有指责，还夸儿子：“你看我们家大力，人长得帅，又大方，自然讨女孩子喜欢。儿子，没事，回头妈妈再给你买一个!”

点评：高中生谈恋爱，本质上只是青春期的一种“异性好感”，很难达到真正意义水平上的“恋爱”。毕竟，孩子还小，谈恋爱也会影响事关孩子前途的高考。家长应该抱着“不鼓励”的态度，和大力认真沟通解决。但妈妈的溺爱举动助长了大力的错误行为，容易使大力形成错误的爱情价值观。

对过度溺爱型家长的深层分析

过度溺爱型家长的成因很多。

原因之一是，很多孩子的父母或者是爷爷奶奶在他们的孩提时代吃了很多苦，家里又是很多大人守着一个孩子，“千万不能让孩子再受苦”的思想根深蒂固。在这种思想的影响下，不管孩子做得对与错，家长都容易走向“溺爱”这个错误的教育方法的深渊。

另外一种原因是，即使爸爸妈妈想严加管教孩子，但爷爷奶奶或姥爷姥姥利用自己的长辈身份，横加阻拦，造成了教育孩子观点上的不一致，鉴于长辈的“身份地位”，爸爸妈妈无奈地默许了“溺爱型”的教育方式。

过度溺爱型家长主要表现为以下几种形式。

第一种是物质型溺爱，只要孩子有物质需求，不管需求是否合理，家长一律满足孩子。小孩子需要一个陀螺，是合理的，但家长如果一次给孩子买五个陀螺，就值得商榷。

第二种是情感型溺爱，不管孩子做得对与错，家长只会不分是非地站在孩子这边。如自己的孩子与其他小朋友打架，即使道理在对方小朋友那边，家长也毫不犹豫地站出来保护自己的孩子。

第三种是活动型溺爱，就是该让孩子自己动手的地方，家长根本不让孩子动手，还美其名曰“孩子小，大人得帮忙”。如穿衣、吃饭等这些小孩子应该逐渐学习、自己动手解决的问题，一律由家长包办代替，更不用说做其他家务事了。

必须严肃地指出，表面上，溺爱好像对孩子有好处，但从长远来看，溺爱的危害远远大于溺爱的益处！

如物质型溺爱，让孩子感觉到东西来得太容易，不知道挣钱的艰辛，孩子容易养成大手大脚花钱的毛病。例如，第一代企业家辛辛苦苦打下江山，到了富二代手里企业却出了问题，一部分原因就是富二代没有上一代的吃苦精神，加上挥霍无度，很容易将上一代好不容易积累的财富在短时间内挥霍干净。

再如，情感型溺爱，最大的问题是容易让孩子形成错误的人生价值观。不管自己怎么做，都是对的，不管别人怎么做，都是错的。孩子小的时候还好一些，等孩子长大了踏入社会，才发现社会可根本没有爸爸妈妈的包容力！自己必须为自己的错误负责任，逃避推卸只会让自己陷入更大的痛苦，这时才意识到问题所在，再想改变付出的代价也非常高昂。

最后，活动型溺爱的危害也非常可怕，表面上看是帮助孩子，是一种父母对孩子的“爱”。但从长远看来，是家长对孩子动手能力的“剥夺”，是对孩子人权的一种“践踏”，带来的后果是孩子只能“衣来伸手、饭来张口”。等孩子长大、离开父母以后才发现，没有经过实战、没有经过挫折训练的自己，就像一个瓷娃娃，脆弱无比！

某著名歌唱家的儿子李某某的案件虽然成为过去，但这个案件对过度溺爱型家长却有着很好的借鉴意义。

在2013年2月，17岁的李某某因涉嫌强奸而被刑拘。

早在2011年9月，年仅15岁的他驾驶一辆无照宝马，因嫌前方的车辆车速太慢，竟将车中一对夫妇打伤住院。

发生这一切的原因到底是什么？

这位歌唱家是老来得子，得知自己在57岁时即将再次成为父亲，他高兴地挥臂高喊，怕儿子在医院有所闪失，他守在医院里三天三夜没有合眼。

李某某从小就集万千宠爱于一身，父母也因他骄傲和自豪：“音乐天赋甚高，钢琴弹得好，书法也不错，冰球也出色……”李某某从小犯错很少受到惩罚，因为这位父亲舍不得打，他说：“还未打，自己先掉眼泪。”只有自由，没有规矩；只有表扬，没有批评；只有宽容，没有惩罚。这种“过度溺爱型”的教育让李某某没有规矩，自私自利过度膨胀。

比如，李某某在学校态度蛮横，总欺负同学，曾抢夺同学的游戏机，还曾把一位同学从楼梯上推了下去。因为其父母是名人，学校也有所顾虑，对待这些问题的处理都不了了之。

在学校教育和家庭教育的双重袒护下，李某某的人生逐渐滑向了犯罪的深渊。

总之，溺爱型家长表面上看起来是对孩子的一种“爱”，但本质上却是一种以“爱的名义”对孩子的一种“伤害”，是对孩子正常人身权利的一种剥夺，是对孩子本应经受风雨洗礼、“破茧而出”这种人生体验的无情践踏！

给过度溺爱型家长支点招

对过度溺爱型家长，我们建议如下：

首先，家长应该从思想上深刻认识到，孩子成长的过程，既要享受快乐和阳光，又要经受痛苦和风雨，这是人生的正常状态，家长不要把孩子应该自己承担、体验的人生统统包揽和代替。

其次，在家里受到“溺爱”的孩子，到了社会上，没有经过“实战训练”的他们很难适应社会，从这个角度上而言，家长无原则的“爱”变成了“害”。

第三，最好的教育、管理孩子的方式是“严肃的爱”：形式上，对孩子的教育是严肃的，如既有批评，也有鼓励；既有惩罚，也有奖励。本质上，都是为了孩子好，都是“爱”的体现。

第五种"武器"：你不行型家长

这种类型的家长，不管孩子怎样努力，有什么样的想法，达到什么样的程度，对孩子的态度基本上就是"你不行"："你学习不行""你的想法太天真，你不行""你做的这件事情不行，达不到我的要求"。表面上看，这是父母对孩子的一种严格要求，但实际上，这却是对孩子"心理水桶"一种残忍的"舀水行为"，会让孩子的心理能量"枯竭"，失去比金子还要宝贵的自信心……

你不行型家长的具体表现及点评

镜头之一：15 岁的小欣上初三，是一个很喜欢唱歌的女孩子，同学们也认为小欣唱得不错，学校里组织歌手比赛，小欣准备报名参加，征询父母的意见，妈妈却说："报什么歌手比赛，你那嗓子不行！再加上中考快到了，赶快复习功课吧……"小欣很不情愿，但拗不过妈妈，黯然退出歌手比赛。

点评：小欣喜欢唱歌，且唱得不错，在不影响学业的情况下，妈妈本应该多加鼓励，增加小欣的心理能量，提升自信心。但经受妈妈的一瓢冷水之后，小欣自信心受到挫折，心情变得非常郁闷。

镜头之二：一位小学生在作文中写道："妈妈总说我不行，我学骑车，妈妈说不行，会摔着；我学炒菜，妈妈说不行，会烫着；我学游泳，妈妈说不行，会淹着。这不行那不行，我什么时候才能行?!"

点评：俗话说，要想知道梨子的味道，就得亲口尝一尝。孩子提出的体验要求，如果家长一概加以否定，总是"这不行那不行"，容易让孩子失去尝试的勇气，心理能量"枯竭"。此后退缩胆小，陷入自我否定的负面思维中无法自拔。

镜头之三：王晓亮上高三，家境不是很好，但非常懂事，刻苦努力，学习成绩相当不错，本来有信心报考一所北京的重点高校，有一天，兴冲冲地去咨询爸爸的意见，没想到爸爸却说："不行，咱家条件不好，万一考不上，就麻烦了；还是考个保险的，上个本省的二本院校就行了！"

点评：王晓亮本来有足够的信心和实力冲刺北京重点高校，但爸爸的否定却动摇了晓亮的信心，让他对自身能力产生怀疑，甚至可能错过了上更好学校的机会。

对你不行型家长的深层分析

你不行型家长的成因有很多种。

首先，与我们国家的传统文化有关。中国的传统教育方式，批评多于鼓励，负面多于正面。不管孩子怎么努力，家长总是容易从负面的视角、以消极的心态看待问题。**这就导致了父母语言中，"你不行"使用的频率远远多于"你能行"，这两者之间虽然只有一字之差，但内涵却**

有着本质的不同！"我能行"是成功者必备的心理素质，它让孩子扬起自信的风帆；"我不行"正是失败者的主要内因，它让孩子失去成功最重要的支柱——自信。

其次，喜欢说"你不行"的家长实际上是一种"大家长"心态，认为孩子还小，好多事情、好多问题孩子自己解决不了。岂不知，"试错"和"尝试"正是孩子在人生成长中不可或缺的珍贵营养，如果家长剥夺了这种"营养"，孩子成长所需的"养分"是残缺的，到了社会上是难以适应的。一个认为凡事"我不行"的孩子，不仅自信心及抗挫折能力较差，还会因为敏感自卑而造成人际关系紧张，甚至无法直面他人与社会。

第三，喜欢说"你不行"的家长是没有智慧的象征。各位家长试想一下，在这个残酷的社会中，你自己都不去鼓励和表扬自己的孩子，难道还指望其他人鼓励欣赏你的孩子吗?！我们不否认，社会有温情的一面，但更有残忍的一面。社会上真正主动欣赏、鼓励孩子的人很少，更多的是靠孩子的自身努力获得成功。很难想象一个在"你不行"的家庭氛围里长大的孩子，到了社会上就会变成"你能行"！

所以，各位家长，要充分利用一切机会训练自己的孩子，给孩子的"心理水桶"不断加水，让孩子感觉到"我是最棒的、我能行"！

王大鹏3岁时，因为爸爸妈妈上班很忙，没有时间照顾大鹏，大鹏就跟着退休的爷爷奶奶生活。有一次因为大鹏玩玩具，不小心弄倒了暖水瓶，把腿烫伤了，留下了一个伤疤，爸爸妈妈因为这事还暗地里责怪爷爷奶奶没看好孙子，爷爷奶奶因为此事也非常自责。

从此以后，"一朝被蛇咬，十年怕井绳"。以后不管大鹏做什么，爷爷奶奶都倍加小心，对大鹏的态度基本上是"你不行"。

大鹏想出去到其他小朋友家玩，"不行，万一路上有坏人把你抱走了，怎么办，就是想去，也是爷爷送你去。”大鹏想出去骑自行车，爷爷说：“不行，小区路上那么多汽车，万一磕着碰着，怎么向你爸爸妈妈交代！”大鹏到6岁时，看到其他小朋友在游泳池玩得很欢，也想学习游泳，爷爷说：“学游泳可不行，咱们家就你一个孙子，万一淹着怎么办！”大鹏逐渐懂事了，也想在家干一些家务，如帮着刷刷碗，奶奶却说：“不行，放那我洗吧，万一把碗打碎了，划伤你怎么办……”

现在大鹏都8岁了，上小学二年级，学习成绩还不错。但是，在“你不行”的家庭氛围的影响下，导致大鹏胆子很小，遇到新鲜事物不敢轻易尝试。周末，爸爸妈妈带大鹏去公园玩耍，建议让大鹏玩过山车、碰碰车等项目，大鹏却死活不愿意，一直往后退缩。这时候，爸爸妈妈才意识到，大鹏的教育出问题了……

总之，你不行型家长看似是对孩子的一种关爱，但从本质上而言，这是对孩子“心理水桶”的“舀水行为”，会在孩子幼小的心灵里种下“不自信”的种子。**从长远来看，“你不行”这三个字对孩子的打击甚至是毁灭性的！家长一定要从思想上高度重视、从语言运用上彻底改变，从“你不行”变到“你能行”！这才能让孩子在成长过程中养成乐观自信的性格，对遇到的困难及挫折以阳光心态积极面对。**

给你不行型家长支点招

对你不行型家长，我们建议如下：

首先，家长从思想源头上认识到，“你不行”不是技术性问题，而是战略性问题，是一种非常可怕的消极心态和消极情感，是一种残忍的“舀水行为”，会让孩子的“心理能量”逐渐“枯竭”，必须要从思想上高度重视并从语言运用上彻底改变！

其次，家长要认识到，孩子的成长营养在于“体验和尝试”，没有“体验和尝试”的人生，对孩子而言是不完整的，不要“剥夺”孩子探索人生的权利，哪怕是孩子的“挫折和失败”，对孩子成长而言都是一种宝贵的财富。

第三，家长逐渐从语言和行为上尝试改变：变消极心态为积极心态，多对孩子进行鼓励和赞美，不怕孩子尝试，也不怕孩子失败，只有在孩子小的时候锻炼出强大的心灵，才能经得起未来人生道路上的风风雨雨，才能经得起失败的考验和挫折的磨砺，才能适应竞争激烈的社会，大步迈向成功和幸福。

第六种“武器”：撒手不管型家长

这种类型的家长，对孩子的教育走向了另外一个极端：对孩子放任自流，不闻不问。表面上看来，这种方式能给孩子足够的空间和自由。但事实上，在孩子发展的各个阶段，如果没有家长正确的引导，孩子很难分清什么是对、什么是错，也就很难建立起正确的价值体系，不利于孩子的成长。

撒手不管型家长的具体表现及点评

镜头之一：刘洪雷上初二，长得虎头虎脑，喜欢打架，一次又把同学打哭了，牙齿也打掉了两颗，洪雷自己也受了伤，脸上出了血。回到家里，本以为爸爸会关心一下，但爸爸正在与朋友打麻将，看了一眼洪雷，随便问了一句“脸上怎么出血了”，就忙活自己的麻将去了，洪雷内心很受伤，但也习惯了，因为爸爸很少关心他。再加上妈妈爸爸离了婚，妈妈离开后，就再也没有音讯了，洪雷都不知道这个世界上谁还在乎他……

点评：孩子打架受伤，并且将其他同学的牙齿打掉两颗，这是比较严重的事件，家长应该及时介入并妥善处理。但洪雷的爸爸只是轻描淡写地问了一句，这会让孩子的内心很受伤，并且容易产生厌世情绪。

镜头之二：娟娟在县城上高一，是农村孩子，爸爸妈妈为了生活，外出打工。爷爷奶奶在农村老家，娟娟平时周末回家，也很少与爷爷奶奶谈心，爸爸妈妈也没有时间与娟娟沟通，娟娟内心非常孤独。为了排遣寂寞，加上经济上的拮据，需要有人帮助，娟娟交了一个男朋友，后来没有把持住自己，娟娟怀孕了，最后被学校开除……

点评：作为家长，不管工作再忙，也要关心孩子，因为孩子需要的不仅仅是家长的物质帮助，更需要家长精神上的鼓励和关怀。有的家长，因为生活所迫外出打工，但不能因为时间和空间上的限制就忽略了对孩子的关注！特别是对处于青春期的孩子，家长应该给予他们更多的关爱，否则，孩子很容易做出出格的举动，造成难以挽回的后果。

镜头之三：小明上初二，爸爸是出租车司机，妈妈是公司职员。爸爸平时工作非常忙，往往是早上5点钟起床，晚上八九点钟才回家。小明的作业基本上是妈妈帮着检查，有什么心事也只能与妈妈诉说。小明有时候也很想与爸爸聊聊，但疲惫的爸爸总是说：“我挣钱供你读书就行了，其他的事情找你妈妈说吧。”小明内心很委屈，但也只能默默走开……

点评：爸爸对孩子的教育不但不可或缺，而且不可替代。小明爸爸的情况在现实生活中具有一定的典型性，很多爸爸认为自己只要挣钱就行了，加上工作繁忙，往往没有心情、没有时间对孩子进行科学的教育。其实，父爱的缺失会让孩子失去责任、担当、勇敢、力量等积极的心理品质。如果当爸爸的只知道挣钱，不懂得教育孩子的重要性，这实在是得不偿失、舍本逐末的做法！

对撒手不管型家长的深层分析

撒手不管型家长在社会中并不鲜见。

首先，有的家长在内心里并不是不想管孩子，但在现实中，很多的牵绊让他们抽不出足够的时间和精力来管孩子。如案例中的娟娟父母，在外地打工，工作繁忙，对娟娟关心不够，导致了悲剧的发生。在此，特别提醒外出打工的农村孩子家长，一定要从思想上认识到，家长留给孩子一座金山银山，不如帮助孩子形成一个好的性格！**特别是对0～6岁和青春期的孩子，家长更应该给他们足够的温暖和关心！因为这是孩子性格形成的关键时期。**

其次，残缺的家庭也是一些家长对孩子“撒手不管”的重要原因。案例一中洪雷的爸爸妈妈离婚，爸爸只顾着打麻将，即使发现洪雷脸上有伤也不太关心，这种态度容易让洪雷幼小的心灵感到无助，也容易让他走入歧途。

第三，父母，尤其是爸爸的思想观念非常关键，案例三有一定的普遍性。很多男性家长，认为挣钱就是自己的“核心任务”，教育孩子的责任主要在母亲身上。岂不知，孩子，不管男孩还是女孩，很多的品质是他们从妈妈身上难以学到的，或者说爸爸的角色是其他人难以替代的。作为男性家长，要认识到挣钱的目的是为了让孩子的人生更加幸福，如果孩子没有形成好的性格，单纯提供给孩子物质的意义会大打折扣。所以，从思想观念上的转变是很多男性家长亟待解决的重要课题！

在一栋正装修的房子里，发生了这样一件事：“叔叔，抱抱我好吗?”房主6岁的女儿妞妞竟然向家里的装修师傅提出如此要求。妈妈感到万分惊诧：“妞妞平时一向不和陌生人说话的。”妈妈问妞妞为什么如此亲近那位装修师傅，妞妞可怜巴巴地说：“我觉得他长得像爸爸。”原来，妞妞的爸爸两年前出国工作，其间只在过年时回过家，因此孩子特别想念爸爸。

另据报道，湖南省的一个6岁男孩儿通过一则《征父启事》表达了他渴望爸爸的呼声。他说：“我想有个爸爸！我要和其他的小朋友一样，星期天有爸爸妈妈一起带着去公园。”“爸爸能像别人家的爸爸一样，帮妈妈的忙，对妈妈好，对我好！”这件事情引起了社会广泛的讨论。随着社会的发展，现代家庭分工的细化导致家庭教育出现了一个新的问题——父爱缺失。

以上的案例令人感慨，父爱缺失的问题应该引起整个社会的深刻反思。另外，家长的“撒手不管”，会对儿童造成很大的身心伤害，严重的甚至造成死亡！

2013年6月21日，在南京江宁某小区，社区民警强行打开一个住户的房门，房里恶臭扑面而来，两个孩子，一个一岁，一个两岁，已经死亡。后经法医鉴定，这两个孩子是被饿死的。

案发后不久，两个孩子的母亲乐燕被抓。

乐燕，1991年出生，南京人，没有户籍，是一名吸毒人员。因为长期在外面混，她一个多月没有回家照顾孩子，导致两个孩子活活饿死。而乐燕的男友，因为容留他人吸毒被判入狱，当时还在服刑。两个孩子多次被遗弃在家中，无论是她们的曾祖母、外祖母、社区干部、片警等都曾积极地上门去照顾，但悲剧最终还是发生了。

2013年9月18日，南京市中级人民法院开庭审理此案。乐燕因故意杀人罪，被判处无期徒刑。她没有提起上诉。

在那次庭审中，乐燕已经有三个多月身孕。她被判无期徒刑，这是对有身孕的她所适用的最高刑罚。

案例中的乐燕，不仅对自己不负责任，对孩子也撒手不管，导致了两个孩子活活饿死，实在是让人扼腕叹息！

总之，家长教育孩子，不能过度溺爱，当然也不能撒手不管，应该在两者之间找到一种平衡，让孩子健康、快乐地成长。

给撒手不管型家长支点招

对撒手不管型家长，我们建议如下：

首先，“溺爱”对孩子固然不是好事，但如果走向另外一个极端，“撒手不管”也是对孩子的一种伤害。父母应该从观念上认识到，抚养孩子，除了给孩子一个健康的身体，更应该给孩子足够的关爱，给孩子一个“金色的童年”，帮助孩子塑造一个好的性格，这才是家长留给孩子的最为宝贵的财富。

其次，有人说，教育应该是“让孩子像野花一样自由地生长”，但这种自由并不是没有限制的完全的自由，自由是相对的，自由不是放任，更不是放纵，没有规矩，不成方圆。

第三，父母是孩子的第一任老师，也是孩子的人生榜样。要想孩子教育得好，做父母的就应该以身作则，树立起良好的人生信念和行为模式，以言传身教的方式给孩子做出一个好的学习榜样。案例一中洪雷的爸爸妈妈离婚，爸爸还喜欢打麻将，在这种情况下，怎能期望洪雷对人生有着正确的价值判断？所以，要想培养出好的孩子，父母应该先好好学习“如何教育孩子”，努力做一个“学习型家长”“成长型家长”。

第七种“武器”：迁怒讽刺型家长

这种类型的家长，表面上来看，不一定是对孩子实施“语言暴力”，而是用比较“温柔”的方式，用“软刀子”来“杀伤”孩子，形式虽然温柔，但鉴于其内容仍然犀利，“杀伤力”也非常强大。

迁怒讽刺型家长的具体表现及点评

镜头之一：李小鹏今年10岁，上小学4年级，他的爸爸在公司开车，一天到晚非常辛苦，钱挣得也不多。妈妈身体不好，在家里待着不上班。小鹏学习成绩不太好，但体育很好，人缘也不错。爸爸却对小鹏不太满意，经常对小鹏说：“爸爸在外挣钱很辛苦，为了你，电影都没有看过，也舍不得和朋友喝酒，抽烟也抽次的，都快累出病来了。你学习还不好，对得起我吗！”小鹏因此很自责……

点评：爸爸工作非常辛苦，这大家都能理解，但作为一个成年人，不能将自己生活的不如意都迁怒到孩子身上，这会让孩子产生深深的负罪感，容易陷入“自暴自弃”的情绪中。爸爸没有看到小鹏身上的闪光点，如体育好、人缘好，却只盯着小鹏的学习，本质上还是一种“劣势型”的教育方式，这实在让人遗憾！

镜头之二：刘欣上高一，妈妈在保险公司上班，业绩压力很大。其中有一个月，刘欣因身体不适住院，妈妈请了几天假照顾孩子。因为当月没有完成任务，奖金没有拿到，妈妈因此很不高兴，对刘欣说：“都是因为你，妈妈才没有拿到奖金，是你连累了妈妈！”刘欣听了压力很大，甚至讨厌自己为什么会生病！

点评：孩子偶尔生病，是正常现象，妈妈请假陪伴孩子，也是人之常情。金钱重要，但孩子更重要。妈妈不应该将自己没有拿到奖金的原因全部归结到孩子身上，这样会打击孩子的自尊心，让孩子产生深深的内疚感。

镜头之三：小胖上初一，学习不好，爱打架。但小胖比较仗义，有同情心，不欺负弱者，在同学中有很强的号召力，周围很多小伙伴都听他的，是班上的“小老大”。但爸爸却很看不上小胖，有一次过年和亲戚聚会，当着很多人的面，爸爸连讽带刺地说：“小胖，就你，学习不好，还喜欢打架，将来能有什么出息？”小胖听了非常生气，心想：“虽然我学习不好，但也不一定将来在社会上就适应不了，我非做出个样子来给你看看不可！”

点评：其实小胖有很多优点，仗义、善良、有号召力。虽然小胖学习不够好，但这样的孩子在社会上反而容易生存，有用武之地。爸爸只将眼光局限在学习上，一味讽刺挖苦，却没有发现小胖的长处并多加鼓励，实在是一个没有智慧的爸爸！好在小胖比较了解自己，有很强的自尊心和自信心，否则很容易形成自卑等一系列负面心理。

对迁怒讽刺型家长的深层分析

迁怒讽刺型家长用的虽然不是“语言暴力”，但却是“用软刀子杀人”，也具有很强的杀伤力。

究其原因，是很多家长的归因方式不对。**家长工作不顺心、或者不如意，本是正常现象，因为“人生不如意事常常十之八九”，家长应该调整心态，积极面对。**家长应该明白，工作是手段，给孩子一个幸福的童年才是目的所在。即使因为孩子而影响到了家长的工作，家长也应该认为这是自己要承担的责任。如果出了问题，就将错误都迁怒到孩子身上，这对孩子心理的健康成长非常不利，会让孩子认为“我怎么做都是错的，我不行”！

另外，案例三中，小胖的爸爸没有看到小胖的优点，一味讽刺挖苦小胖的缺点，并且是当着其他亲戚的面。这如果对一个心理不够强大的孩子而言，其打击是致命的！好在，小胖已经有些意识到“学习不好也照样能够成才”的道理，没有受到爸爸太多负面语言的影响。但这个案例提醒读者家长，孩子的自信犹如一株娇嫩的花朵，我们精心浇灌都不一定能保护好，如果再加上家长“有意无意”的打击，就会让这朵鲜花快速的衰败。

有一个男孩拿着期末考试的成绩单给妈妈看，因为成绩很不理想，妈妈大声呵斥孩子，越说越生气，当着孩子的面给爸爸打电话：“我辛辛苦苦为了这个家，吃差的，穿差的，孩子却这么不争气，我活着还有什么意思，你尽快回来给我们娘俩收尸吧！”爸爸一听，让妈妈把电话给儿子，大声训斥道：“你还是个男子汉呢，爸爸妈妈为了你，都快累吐血了，你却这么不争气，你对得起谁呀！你还不如死了算了！”

男孩本来就羞愧难当，加上爸爸的强烈语言刺激，打开窗户就从五楼上跳了下去，一条鲜活的生命瞬间消失……

妈妈目瞪口呆，追悔莫及，但悔之晚矣！

以上案例让人扼腕！作为父母，应当承担起自己该承担的责任！给孩子撑起一片相对纯净的天空，还给孩子一个“金色的童年”。出了问题之后，家长不分青红皂白，把问题一股脑地迁怒到孩子身上，这是不负责任的。毕竟，孩子的承受能力和心理成熟程度都比较差，家长如果对问题处理不当，就有可能造成难以挽回的后果。

总之，家长的一言一行都会对孩子产生微妙的影响，要想培养出好的孩子，家长一定要注意自己的言行，努力提高自身各方面修养，力争做一个“成长型家长”，如此，才能实现成功的亲子教育。

给迁怒讽刺型家长支点招

对迁怒讽刺型家长，我们建议如下：

首先，家长从思想上应该认识到，“迁怒”对家长而言，是一种不负责任和无能的象征！一个有担当、有责任的家长，不会把自身出现的问题都归结到孩子身上。

其次，“迁怒讽刺”看似无伤大雅，实际上是一种“软伤害”，让孩子在不知不觉中丧失掉了自信，产生了深深的自卑感和自责感，并容易消极悲观地面对人生，这对孩子的人生成长非常不利！

第三，家长应甩掉负面、消极的态度，多多发现孩子的优点和强项，给孩子增添“正能量”。有了这个转变之后，你会发现，原来自己的孩子也非常优秀，并非一无是处。因为，只要家长懂得欣赏，那么，“每个孩子都很优秀，每个孩子都可以成为最好的自己”。

第二部分：优势型家长的11条共性法则

积极心理学的英文为Positive psychology，它是运用心理学目前已比较完善和有效的实验方法与测量手段，来研究人类的乐观、希望等积极健康的心理品质。积极心理学强调要调整人类的视角，不再只关注生活中消极的一面。

而优势教育就是此视角的积极应用者。优势教育以孩子的天赋特质作为强大内驱力，让孩子的个性尽情释放、发挥，是一种最人性化的教育方式。这种全新的教育理念对经济的发展、社会的进步都将起到重要的推动作用。

优势型家长指的是优势教育取向的家长类型，他们愿意从积极、正面的角度来看待孩子和对待孩子，表扬和欣赏多于批评和打击。这种类型的家长，在实际的教育行为中，效果也往往比较理想。为了便于家长理解，我们将优势型家长的教育理念分解为11条法则。

遵循这些共性法则，家长可以把孩子培养成素质全面、人格健全的优秀儿童。

第一法则：系统法则

父母抚养孩子，看似简单，实则不然，它是一门大学问。就像企业的模块可以划分为产、供、销等一样，我们认为，家长培养孩子也是一个系统工程，由环境、态度、智商、情商、逆商、学商、德商、财商等组成。优势型家长培养孩子，要将教育当成一个“系统工程”来看待。

系统法则，也可以称之为“生态环境”法则。

为什么叫“系统法则”呢？我们认为培养孩子本质上是一个系统工程，不是靠“单点”就能完成的。

系统的定义和特点

英文中系统（system）一词来源于古代希腊文（systεmα），意思为部分组成的整体。中国学者钱学森认为：系统是由相互作用、相互依赖的若干组成部分结合而成的、具有特定功能的有机整体，而且这个有机整体又是它从属的更大系统的组成部分。

一些思想家对系统是这样看待的：

（1）系统是一个动态和复杂的整体，是相互作用的结构和功能的单位。

（2）系统由能量、物质、信息流等不同要素所构成。

（3）一个整体系统是任何相互依存的集或群。

系统是普遍存在的，在宇宙间，从基本粒子到银河外星系，从人类社会到人的思维，从无机界到有机界，从自然科学到社会科学，系统无处不在。

我们认为，家长培养孩子，本质上也是一个“系统工程”。

家长培养孩子的“方方面面”

第一，孩子身体要好。没有好的身体，其他一切都免谈。好的身体来自于合理的饮食搭配和适度的体育锻炼，但由于各种各样的原因，中国的孩子普遍缺少运动，导致连续多年体质下降，这给中国的学校和家长都敲响了警钟。

第二，孩子学习要好。现在家长为了孩子的学习，可以说不惜一切代价，不但爸爸妈妈全部出动，爷爷奶奶姥姥姥爷一齐上阵，还要上各种辅导班；虽然家长明白“分数不是孩子的全部”，但在中国这个“高考制胜”的国度，分数不可否认还是相当的重要。遇到语文、数学家长还能帮上孩子；遇到英语，不懂英语的家长就需要花钱请老师给孩子恶补了。至于钢琴、书画、围棋等特长班，家长们就更不甘人后地大把花钱了。等到孩子备战高考时，不给孩子花几万块钱报个辅导班，家长们心里可能都不踏实。

第三，除了孩子身体要好、学习要好，家长也逐渐意识到，没有好的性格，如诚信、踏实、善于沟通、良好人际关系等关键品质，孩子到了社会上还是适应不了。为了让孩子形成好的性格，家长还要血拼：要么报各种各样的冬令营、夏令营，要么自己挤出时间对孩子进行素质教育。一句话，做家长很累，做中国孩子的家长更累！

第四，孩子有了好的性格，这还不够，现在中国的孩子往往是独生子女，众多家长守着一个孩子，孩子从小到大基本上没有吃过什么苦。有人生阅历的家长也明白，温室里的花朵经不起风吹雨打，没有经历过挫折的孩子无法面对未来社会的残酷竞争，于是家长利用各种机会对孩子进行挫折教育，以提高孩子的抗挫折能力。

第五，孩子有了好的性格，也能够抗挫折了，但面对眼下这个商品社会，让孩子学会“怎么花钱、怎么挣钱”也是门大学问，不得不教。很多家长自己在理财方面也是一知半解，于是非常希望自己的孩子不但会挣钱，还懂得以钱生钱，拥有良好的理财观念。

第六，青春期是每个孩子都必须经历的阶段，身体发育的烦恼，异性吸引的骚动，青春的叛逆，各种问题扑面而来，这对孩子而言是个考验，对家长的经验和智慧也绝对是个不小的挑战。

第七，孩子各方面都不错了，人品和道德怎么样？到了社会上，你会发现，虽然这个社会很浮躁、很吵闹，但从长远来看，还是有人品、有道德的人能够走得更远，所以，家长如果希望孩子将来有更大的成就，对孩子的人品、道德教育也万万不能放松。

第八，孩子各方面都好，发展都很均衡，但家长能否发现孩子的“长处和优势”，依据优势找到孩子“合适人生位置”，这更是孩子生命中的重大战略课题。

各位家长看到了吧，教育孩子不能“就事论事”，只靠“单点突破”。它涉及方方面面，是一个“系统工程”，甚至可以说是一部百科全书。如果家长的素质跟不上去，想教育出好的孩子，几乎是一件不可能完成的任务。这就要求家长有意识地做“学习型家长”“成长型家长”，在自己进步的同时，与孩子共同成长。

优势教育的教育模块

根据当代最新的教育理论，优势型家长教育孩子可以分解为很多模块，共同组成一个“系统工程”：

- 榜样教育：家长要为孩子树立好的榜样，并帮助孩子树立其他应该学习的榜样
- 唤醒教育：家长要启发并唤醒孩子，激活孩子沉睡的潜能
- 赏识教育：找到孩子的闪光点并加以欣赏，鼓励多于批评
- 关系教育：“好的关系胜过好的教育”，好的家庭氛围及亲子关系是孩子形成健康人格的重要保证
- 学商教育：学习很重要，孩子“学会怎样学习”更重要
- 情商教育：除了学商，情商是一个孩子适应未来社会的关键所在
- 挫折教育：也称“逆商”教育，孩子将来要想成就一番事业，要经得起挫折和失败的考验
- 德商教育：“小胜凭智，大胜靠德”，有“德”走遍天下
- 财商教育：学会挣钱，更懂得“以钱生钱”，孩子才能迈向财务自由
- 青春期教育：青春期是每个孩子都要经历的阶段，这个阶段中出现的很多问题，需要用科学的教育方法来解决
- 优势教育：让孩子了解自己，发现优势，准确定位，找到位置，这是人生大课题

总之，要想培养出优秀的孩子，优势型家长应顾及方方面面，既抓全面，又突出重点；既考虑共性，又突出个性，给孩子创造出一个

“良好的生态环境”，让孩子全面地吸收各方面的“人生营养”，帮助孩子长成“参天大树”。

系统法则对家长的提醒和建议

首先，家长从思想上要认识到，培养孩子是“系统工程”，不能就事论事。

其次，家长要清楚，想培养出好孩子，家长自身的素质是成败关键，所以，家长要努力做“学习型家长”“成长型家长”，与孩子共同进步和成长。

第三，家长要理解到学习很重要，分数很重要，但分数仅仅是孩子人生成长中的一个方面，在中国目前阶段，提升分数的任务主要在老师；家长要负责对孩子一生幸福起重要作用的其他事项，如孩子的情商、逆商、德商、财商教育等。

第四，家长既要重视孩子教育中的共性问题，如学商教育、情商教育、逆商教育、德商教育等，又要重视孩子教育中的个性问题，如发现孩子独特的优势，因材施教等。共性与个性，二者要协调发展。

第二法则：榜样法则

父母作为孩子的第一任老师，其榜样的作用是无可替代的。常言道，“有其父必有其子”“虎父无犬子”，都说明了家长作为榜样的重要性和巨大作用。其实，家长教育孩子，如果说复杂，的确是一门复杂的学问；如果说简单，也没那么难。父母以身作则，给孩子树立起良好的示范标准，孩子自然会效仿实施。优势型家长要给孩子树立起良好的行为规范，这是良好亲子教育的根本法则。

世界上任何一个不断发展、不断进取的民族，都不会忽视榜样的力量。榜样的力量是巨大的，作为孩子最亲近的家长，我们要做孩子的榜样，要为孩子选择好榜样。

想要改变孩子，家长先要改变自己

家长们都希望自己的孩子听话，接受家长的教育。可是许多孩子不那么听话，甚至很不听话。于是家长就对孩子说：“你这孩子总是不听话，再这样，我就……”接下去就是一连串的恐吓惩罚。

我们先分析一下，孩子不听话，是孩子的问题，还是家长的问题？我们认为，在孩子没有形成不听话的习惯之前，孩子常不听话，既有家长的问题，也有孩子的"惯性"。归根结底，是家长自身的问题，那就是没有给孩子树立一个良好的榜样。

父母是孩子的榜样，父母良好的行为举止是对孩子最生动、最有效的教育。父母应该利用一切有利时机提醒孩子，并给孩子做出榜样。

当我们忙于生活时，问问自己到底给孩子树立了什么样的榜样，这是很重要的。我们的言行会影响他们在将来成为什么样的人，我们需要停下来考虑一下我们究竟在塑造一个什么样的人。当我们想让孩子做到我们要求的那样时，我们得反思自己是否做得到。

榜样的力量是无穷的，一切都在潜移默化中进行。

安利柯永远忘不了小时候他父亲做的一件小事：一天，爸爸带他去排队买票看马戏，排在他们前面的一对夫妇带着8个孩子，最大的孩子也不会超过12岁。看得出这家人的生活并不富裕，但他们身上廉价的衣服洗得很干净，孩子们也很有教养。从孩子们的兴奋劲儿就知道，这是他们生活中一个十分精彩的夜晚。

当售票员小姐问他们买几张票时，那位父亲骄傲地回答："我们需要8张孩子票和两张大人票。"当售票员小姐告诉他票的价钱，那位父亲的嘴唇开始颤抖，又问道："你刚才说是多少钱？"售票员小姐又重复了一遍。那位父亲面露难色，慢慢俯下身，打算告诉孩子们因为钱不够，看不成马戏了。

这时候安利柯看见父亲将一张20美元的钞票悄悄扔到地上——安利柯知道自己的家境也并不宽裕。安利柯又看到爸爸弯腰捡起那张钞票，拍着前面那位父亲的肩膀说："先生，您的钱掉了！"那位父亲马上领会了爸爸的好意，接过钞票，忍着泪水说："谢谢！这些钱的实际意义很多，很多！"安利柯跟爸爸回家了，那一晚父子俩没有看成马戏，但男孩却从爸爸那里学到了真诚助人的品德。

所以，父母是孩子的榜样。家庭氛围是一面镜子，家长是原像，孩子是镜像。父母要注意自己的行为，给孩子做出表率。那么，家长需要在哪些方面对孩子进行言传身教呢？我们给出如下建议：

一、语言要文明，说话思路要清晰

小孩子的语言能力强，模仿得很快。所以，家长在日常生活中不要养成骂人的习惯，尽量做到语言文明规范。和孩子说话时，尽量做到思路清晰，心平气和。

二、改掉陋习

孩子因为年龄小，所以他们辨别是非的能力也弱。他们很难分清什么东西该学，什么不该学。他们只会模仿大人，不管是坏的事情，还是好的事情。所以，“己所不欲，勿施于人（子）”。家长要想起到一个好的带头作用，就要改掉如随地吐痰，以及在众人面前吸烟等坏习惯。

三、生活讲究规律和科学

想让孩子从小养成一个健康的生活习惯，家长就得带头，带孩子养成好习惯。如饭后不能马上跑到电脑前开机，吃饭不能太快，更不能狼吞虎咽，等等。凡是希望孩子做到的，家长都得起到好的示范作用。

四、变得热爱学习

很多家长都说自己的孩子不喜欢读书。其实，帮助孩子养成爱阅读的好习惯，最好的办法就是家长热爱阅读，充分利用闲暇时间读书，如果父母有好的读书习惯，孩子多数都会喜欢读书。

五、人生更加向上

父母发现孩子的胆怯，要帮助他学会勇敢；面对孩子的失败，要帮助他学会如何走向成功；还要帮助孩子学会怎么解决与其他同学的矛盾，怎么与别人打交道。要帮助孩子树立正确的观念，正确地看待各种各样的事情。总之，父母努力把孩子培养成积极向上的人，在培养过程中，父母也会走向、接近那个理想中的自己。

六、学会沟通交流

孩子在成长中会遇到很多问题，都需要父母帮着解决，而交流是解决的最佳途径。家长对于怎么与孩子交流这个问题，要进行充分考虑。要交流什么，怎么交流，哪种方式是孩子乐于接受的，怎么说一些令孩子不反感的话，举哪个例子更适合，批评后怎么再鼓励，鼓励后怎么提醒不要骄傲等。尤其对敏感的孩子，父母与他们沟通时需要注意的方面会更多。

七、花点时间去玩耍

玩耍是件好事情，作为成年人，我们忘记了怎样笑，怎样傻，正是孩子们给我们上了重要的一课，教我们怎样享受生活，怎样享受小小的快乐。花点时间去跑步，去开开玩笑，让自己简单一点。把成年人的架势放一边去，让内心里的童真释放出来，就可以和孩子建立起一种亲密无间的关系，给自己和孩子留下一段珍贵的回忆。

八、友好地对待他人

孩子们学家长怎样与他人相处，家长有责任教他们礼貌待人、感激、赞赏、友好等一些优秀品质，这些品质会有助于他们将来的成功。

总之，家长一旦为人父母，身上就多了一份责任。每一位爱自己孩子的家长，自从有了孩子的那一天起，就必须在方方面面规范自己的言行举止。

帮助孩子选择有帮助的偶像

最近几年，青春偶像剧在各大电视台热播，可以说是异常火热，让人眼花缭乱。每年都会有几部堪称“经典”的偶像剧横行电视、网络等媒体，受到众多青少年的热捧，并由此引发对偶像剧中人物的“偶像崇拜”。

其实，“偶像崇拜”是个体成长过程中带有普遍性和必然性的现象。家长要求青少年拒绝偶像剧是不现实的。家长应当做的不是不让孩子看偶像剧，而是尽可能帮孩子选择主题积极正面、价值观正确的偶像剧。只有为孩子选择正确的“偶像”，才能让“偶像”在孩子心里产生积极的导向作用。

有人如是说：“预测一个少年的未来，有一个非常简单的方法，就是看他最喜欢的人是谁。”“让孩子学会崇拜，和伟人生活在一起，对于塑造一个孩子的未来，有着非常积极的意义。家长有意识地引导孩子去崇拜伟人的意志、性格、才华，他们也可能成为一个伟人。”上述说法，归结于一点，就是说“榜样教育”对孩子的成长，较之一般的教育更易于见效。所以，一位英国的学者菲尔丁说：“典范比教育更快，更能强烈地铭刻在人们心里。”

应当说，每一个孩子都需要有一个或几个崇拜的人物作为榜样。那么，当家长为孩子选准榜样后，怎样教育孩子向榜样学习呢？

一、让孩子对榜样有足够的认识

家长给孩子讲故事，提供学习资料，让孩子感知榜样的先进事迹，并从中提高认识。例如有个孩子是棋迷，他对中国的某棋圣非常崇拜，这个棋圣的形象在孩子心中逐渐丰满起来，过去仅作为一个崇拜的“偶像”树立在孩子心中，后来就成为一个活生生的人“活”在孩子的心中，使孩子深受教育。

二、学习榜样不能仅停留在认识层面上

家长要引导孩子通过实践把认识转化为信念与行为品质。据此，家长要引导孩子把从榜样那里学来的思想、行为加以实践，让孩子从“行”中获得直接经验，孩子在这些模仿性的实践中，把榜样的可取之处内化为自己的优秀品质，最终青出于蓝而胜于蓝。

家长引导孩子向优秀生学习

最聪明的人乐于和善于向优秀的人学习。凡是善于向别人学习的人，进步都会比较快。而不注意这一点的人，则进步会比较慢。俗话说得好："和狼生活在一起，你只能学会嗷叫；和那些优秀的人接触，你就会受到良好的影响，耳濡目染，潜移默化，成为一名优秀的人。"

"读万卷书，不如行万里路；行万里路，不如阅人无数；阅人无数，不如与优秀的人举箸。"向各种优秀的人学习，就等于学习刘翔的速度、李嘉诚的精明、杨利伟的勇敢、郑智化的坚强、袁隆平的默默奉献、谭嗣同的敢为人先……所以说，如果想让孩子变得更加优秀，就要尽量想办法让孩子和比他更优秀的人在一起。

美国的一个机构调查后认为，一个人失败的原因，90%是因为这个人周边的亲友、伙伴、同事、熟人都是失败和消极的人。因此向成功的人学习成功的方法，不仅能成功，而且能早日成功。

任何一位成功者，之所以在某一方面高人一等，出类拔萃，必定有其与众不同的地方。对于正处在学习、成长中的孩子来说，做成功者所做的事情，了解成功者的思维模式，并运用到他们自己身上，就能够做出和他们相似的成就。

其实，学习也是一样，向优秀的人学习是聪明人的做法。如果孩子身边有学习好的同学，让孩子虚心向他们请教好的学习方法，然后按照他们说的去做，孩子的学习成绩肯定会有所提高。所以，让孩子向优秀生学习，是"优势型家长"教子成功的重要方法。以下一些具体意见供家长参考：

一、让孩子在优秀生面前不要自卑

在比自己学习好的同学面前，有的成绩不好的孩子会产生自卑心理，觉得自己不如别人，甚至觉得别人看不起自己。于是，这样的孩子宁愿埋头苦干，也不愿意向学习好的同学请教学习方法和经验。其实自卑并非人天生就有的。美国著名的成人教育专家卡耐基发现，世界上根本就不存在生来就胆怯、害羞、脸红的人。这些心理的异常现象都是人们在后天的成长过程中，因为某种经历诱发形成的。既然是后天，那就能克服。所以，要想让孩子各方面得到提高，首先要帮助孩子克服内心的自卑。

二、让孩子找出优秀生的学习方法和经验

优秀生之所以学习好，肯定有值得让我们学习的学习方法和经验。优秀生在学习过程中一般有以下优点：

一是能够自律：自律就是自我约束。有自律能力的同学一旦打开书本，大多数都能做到电视不看、电话不接、零食不吃，精力高度集中，处于一种投入其中、自得其乐的状态。他们目标高远，思想单纯，不胡思乱想。在他们心里，学习是不能耽误的重要的事情。

二是有恒心：学习犹如长跑，谁懈怠了，就会落后，谁不能坚持，就不会到达终点。陶渊明说得好："勤学如春起之苗，不见其增，日有所长；辍学如磨刀之石，不见其亏，日有所损。"同学们的智力相差无几，但学习成绩如果差距悬殊，原因就在于有的同学懈怠了。鲁迅先生为了不再迟到，在课桌上刻下一个"早"字，这种时时警醒自己的精神，对每一个积极上进的同学都有启发。

三是讲究条理：有些优秀生用两个活动夹分着存放当天的作业和以前的作业，有些用一个背包或者抽屉把常用的东西装在一起。他们将书本、文具等都放得井井有条。做事有主见、有策略，对自己一天的学习有计划、有步骤地完成。他们很少盲目跟风，对事物有独特的见解。

四是阅读有方：优秀生在阅读前会先看目录、图表及插图，先有了初步了解后，再阅读正文就能学到更多的知识。要主动地去读书，不断地提出问题，彻底弄懂。而且，优秀生一有时间，就广泛涉猎课外的知识。

五是勇于提问：课堂上勇于提问是学生渴望和追求知识的表现，要知道高分是来自对知识的透彻理解和掌握。学习的过程，关键就是把没有弄懂的问题通过提问，通过爱问，达到深入研究，仔细体会的目的。所以在学生群体中间，好问的学生占有老师大量的资源，有一种得天独厚的优势。而不爱提问的学生，就会主动放弃别人的帮助，让自己在困境中越陷越深。

六是学习勤奋：优秀生学习十分自觉，有的在夜深人静时勤奋学习，有的鸡鸣即起刻苦用功，有的放学回家就趁热复习。他们能够闹中求静，不会太多地受环境干扰，他们坚持不懈，做事专一，他们绝不把时间浪费在无谓的事情上。

只有让孩子了解优秀生的特质，才能让孩子具体地学习优秀生的优点，而不是简单地崇拜，或者限于口头的“我要向谁谁学习”的宣言。

总之，向优秀生学习是孩子成长的“捷径”，家长应高度重视。

家长怎样对待孩子，孩子就会怎样对待别人

家长与孩子的关系是孩子与他人相处的基础。如果家长对孩子有爱心、和善、尊重，那孩子长大成人后也会成为一个为别人着想、充满爱心的人。如果家长不关心孩子、放任自流或者经常以粗暴轻率的态度对待他们，那孩子长大以后很可能也会变成父母那样麻木不仁。

换句话说，家长给予孩子应有的尊重，实际上就是帮助他在未来的

日子中更加自如、容易地生活。他能更容易地交上朋友，更容易地在学习或工作中取得成功，更容易地得到幸福的婚姻，更容易地付出真心来爱他自己的孩子。

所以，在任何社会中，都没有比培养孩子更重要的事情了；在孩子的成长道路上，也没有比父母的影响更重要的事情了。

有这样一篇文章，非常经典，现在与读者家长分享：

孩子生长于批评中，学会指责人。
孩子生长于敌意中，学会攻击人。
孩子生长于恐惧中，学会了焦虑。
孩子生长于无助中，学会了抱憾。
孩子生长于荒唐中，学会了羞愧。
孩子生长于嫉妒中，学会了怀恨。
孩子生长于羞辱中，形成罪恶感。
孩子生长于鼓励中，学会了自信。
孩子生长于包容中，学会了忍耐。
孩子生长于赞美中，学会了欣赏。
孩子生长于接纳中，学会了爱人。
孩子生长于肯定中，学会了自重。
孩子生长于认同中，学会了确定目标。
孩子生长于分享中，学会了慷慨。
孩子生长于公平中，学会了正义。
孩子生长于诚实中，学会了真理。
孩子生长于安全中，充满了信心。
孩子生长于友爱中，将热爱生活。

所以，家长不但是孩子的第一任老师，家长创造的“家庭模式和氛围”还会对孩子的性格形成起到决定性的影响！

有这样的一对爸爸妈妈，对老人不够孝顺。平日里自己做饭吃好的，却将老人安排到一个小屋子里，用一个小木碗盛上米饭，也不给老人盛菜，让老人孤独地食用。

有一天，爸爸妈妈发现，自己六岁的宝贝儿子在用刀雕刻一只木碗，爸爸便问：“儿子，你在干什么呀？”儿子头也不抬地说：“我在给你和妈妈雕刻木碗呢，等你们俩老了的时候吃饭用！”

爸爸妈妈大惊，对自己的行为深刻反思，恍然大悟，原来儿子在模仿自己对老人的行为！爸爸妈妈赶紧将老人从小屋里接出来，好吃好喝伺候着，心里暗想：“差一点就走错路！”多亏了儿子提醒自己……

以上案例说明，爸爸妈妈怎么对待老人，孩子就会学习这种模式怎么对待爸爸妈妈！可见，父母这个“职业”，虽然不用考核，直接上岗，但并不一定人人合格！

总之，一个国家的强大，来自人民的强大；人民的强大，来自儿童的强大；儿童的强大，来自优良的家庭教育。所以，父母教育儿童，绝不是小事一桩，从微观上而言，事关孩子的幸福；从宏观上而言，事关一个国家和民族的强大！我们呼吁和期待，希望有一天，家长能够持证上岗。或者说，在当父母前，家长一定要系统地学习育儿规律和方法，并考试合格，否则国家相关部门不予颁发“准生证”。一对不成熟不完善的父母，容易以不成熟不完善的教育方式教育出一个有缺陷的孩子，如此恶性循环，不仅是无辜孩子的人生悲剧，更是一个家庭、一个家族乃至一个民族的悲剧！

榜样法则对家长的提醒和建议

首先，家长要从思想上高度重视，意识到家庭是一面镜子，孩子是自己行为的“镜像”，要对自己的一言一行高标准要求。

其次，要做“学习型家长”“成长型家长”，只有家长自身的素质提升了，孩子的素质才能提升，具体而言，要做到以下几方面：

- 保持积极心态。多从正面、积极的角度看待人生问题
- 学会沟通。遇到问题及时和孩子沟通解决，而不能采取高压态势
- 改掉陋习。每个家长都不是完人，为了教育出好的孩子，家长自身的一些陋习如酗酒、抽烟、打牌、骂人等不良习惯，要逐渐改掉
- 拿出时间和孩子玩耍。要想教育出好的孩子，家长要有一定的时间同孩子进行亲子互动，尤其是当爸爸的，不能一味以工作忙为借口，应抽出时间与孩子玩耍，沟通感情，这方面的投入十分必要

第三，家长要定期反思，也要征询孩子的意见和建议，看看哪里做得不够好，好的部分保持，有问题的部分逐步改正，与孩子共同成长和进步。

总之，家长教育孩子，父母是“因”，孩子是“果”，不能颠倒。家长要对人生有深刻、长远的理解，要前瞻性地认识到培养出性格良好、能力优异的孩子，才是自己老年幸福的可靠保证。这就要求家长平时对自身的一言一行严格要求，给孩子竖立起一个良好的榜样。

第三法则：唤醒法则

教育的本质在于唤醒。唤醒孩子内心深处那颗沉睡的种子，唤醒孩子种子里的潜能，唤醒孩子的优势和对世界的爱。正如世界著名心理学家罗伯特所说："教育，不是给予，而是唤醒，它恰如生命中的阳光和空气，为潜在的创造力种子的萌芽与绽放提供良好的条件。教育者在教育过程中要学会尊重，学会宽容，学会赞美，为孩子创设一个良好的教育氛围。"优势型家长就是尝试着给孩子创造一个好的环境，同时去"唤醒"孩子那沉睡的潜能，让孩子突破自我，超越自我，实现人生的幸福。

教育是什么？德国哲学家雅斯贝斯说："教育本身就意味着一棵树摇动另一棵树，一朵云推动另一朵云，一个灵魂唤醒另一个灵魂。"

德国著名教育学家斯普朗格也曾说过："教育的最终目的不是传授已有的东西，而是要把人的创造力量诱导出来，将生命感、价值感唤醒。"

马克思也说："教育绝非单纯的文化传递，教育之为教育，正是在于它是一种人格心灵的唤醒。因此说教育的核心所在就是唤醒。"

唤醒教育的重要性

教育的目的到底是什么？是尽可能把知识灌输给学生，强化训练，考个高分，更有余地选择大学，谋个高薪高位的职业？还是启迪学生的思想与智慧，让他们认识自己的同时认识环境、认识世界，从而更好地把握人生，应对激烈竞争时代的挑战？答案不言而喻。

“一切为了明天，一切为了高考”，说白了是“一切为了饭碗，一切为了名利”，在激烈竞争的年代求得生存，本来无可厚非，但如果我们的教育仅仅停留在求生存的层次，就应该值得反思了。

在千军万马过独木桥的情况下，家长望子成龙心切。上辈子没有能耐，下辈子求得补偿。于是，不惜一切代价，把所有的物力财力精力全部投到读书、求职上，可谓是“殚其地之出，竭其庐之入”，在家长普遍的高期望值的影响下，当下的教育只能沦落为围绕着高考而进行的漫长训练。

因此，要唤醒人首先必须唤醒教育。因为教育是传递人类文明的火把，是人类精神成长的沃土。教育窒息了，生命的动力将会枯竭；教育绝对不能无所适从，否则社会将会无所适从！

唤醒教育的巨大作用

唤醒，也是一种教育的艺术。孩子的灵性和欲求，总是发生在不经意之时，如果我们的家长不善于发现这种灵性和欲求，就失去了唤醒的有利时机。因此，家长要有一颗灵动的心，不时地去感受，去贴近孩子；要有一双慧眼，去观察，去发现他们的闪光点。再加上“赏识教育”，多说一句关爱的话，给一个鼓励的眼神，再多一次信任的微笑，这样就能“唤醒”孩子沉睡已久的意识和潜能，就能使孩子天性中最优美、最灵动的东西发挥出来，就能让孩子生发出希望，点燃内心的梦想和使命！

“我一看你修长的小拇指就知道，将来你一定会是纽约州的州长。”一句普通的话，改变了一个学生的人生。此话出自美国纽约大沙头小学校长皮尔·保罗之口，话语中的“你”是指当时一名调皮捣蛋的学生罗杰·罗尔斯。小罗尔斯出生于美国纽约声名狼藉的大沙头贫民窟，这里环境肮脏、充满暴力，是偷渡者和流浪汉的聚集地。因此，他从小就受到了不良影响，读小学时经常逃学、打架、偷窃。一天，当他从窗台上跳下，伸着小手走向讲台时，校长皮尔·保罗将他逮个正着。出乎意料的是，校长不但没有批评他，反而诚恳地说了上面的那句话，并给予语重心长的引导和鼓励。当时的罗尔斯大吃一惊，因为在他不长的人生经历中，只有奶奶让他振奋过一次，说他可以成为五吨重的小船的船长。他记下了校长的话并坚信这是真实的。从那天起，“纽约州州长”就像一面旗帜在他心里高高飘扬。罗尔斯的衣服不再沾满泥土、罗尔斯的语言不再肮脏难听、罗尔斯的行动不再拖沓和漫无目的。在此后的40多年间，他没有一天不按州长的身份要求自己。51岁那年，他终于成了纽约州的州长。

从上面这个案例可以看出，实际上小罗尔斯是被校长“唤醒”了，内心的能量被彻底地点燃，最终实现了自己的梦想，完成了自身的使命，这是一种真正意义上的教育！再看另外一个案例。

著名教育家陶行知先生担任育才小学校长时，一天，他看到男生王友用泥块砸班上的同学，当即制止了他，并要他放学时到校长室去。

放学后，陶行知来到校长室，王友已经等在门口准备挨训了。陶行知没有批评他，却送了一块糖给他，说："这是奖给你的，因为你准时来到这里，而我却迟到了。"

王友惊疑地接过了糖果。接着，陶行知又从口袋里掏出一块糖给王友，说："这块糖也是奖给你的，因为当我不让你再打人时，你立即住手了，这说明你很尊重老师，我应该奖你。"

王友迷惑不解地接过了糖。陶行知又掏出第三块糖，说："我调查过了，你用泥块砸那些男生，是因为他们不守游戏规则，欺负女生。你砸他们，说明你很正直善良，有跟坏人斗争的勇气，应该奖励你啊！"听到这里，王友感动极了，他流着眼泪后悔地说："陶校长，你打我两下吧！我错了，我砸的不是坏人，而是自己的同学呀。"

陶行知满意地笑了，他随即掏出第四块糖，递给王友："为你正确地认识错误，我再奖给你一块糖。"待王友接过糖，陶行知说："我的糖完了，我看我们的谈话也完了吧。"说完走出校长室。

陶行知充分运用了"赏识"的力量，巧妙地将王友"唤醒"！这一事件将对王友一生产生重大的影响。

唤醒教育的必要性

纵观那些成功的人，他们在中学时代潜能就得到了充分挖掘，比如周恩来的德才兼备，与当时南开中学创办人张伯苓的"人格开发、道德唤醒"不无关系。南开中学建校伊始就开设了修身课。张伯苓亲自登台主讲，他采用漫谈的方式，给学生讲爱国，讲求学，讲做人和处世之道。张伯苓还请社会上的精英名流、专家学者来校演讲。借助于教育挖掘这一把“铁锹”，学生潜藏能力和多元智慧得到“海阔凭鱼跃”的升腾。

如果教育都能达到这种境界，每个人的潜能都能得到“扬长避短”的开发，我们的社会肯定会更加人才济济，欣欣向荣！而一味强化智力开发，漠视唤醒教育，虽然提升了升学率，可对人力资源而言却是一种无形的损失。

只要家长和老师真正爱护孩子、欣赏孩子，真正为孩子的未来和远景考虑，在教育路口架设赏识、唤醒和鼓舞的桥梁，就能让孩子找到希望，点燃梦想，打通孩子通往幸福人生的康庄大道！

美国心理学家罗森塔尔考查某校，随意从每班抽3名学生共18人写在一张表格上，交给校长，极为认真地说：“这18名学生经过科学测定全都是智商型人才。”事过半年，罗森塔尔又来到该校，发现这18名学生的确超过一般，长进很大，再后来这18人全都在不同的岗位上干出了非凡的成绩。这一效应就是期望心理中的共鸣现象。

美国罗森塔尔的教育理念是“潜能唤醒教育”的经典，当他将“这些孩子都是天才”的判断推介给教育工作者后，那些普通孩子果然凸显出了“天才表现”。其实，对那些孩子的“天才评价”都是罗森塔尔随口说出的。但他的“随口而出”却是坚定地相信孩子们的潜能。

理解了这点，“唤醒和鼓舞”具有何等重要的教育功能和实施唤醒教育的必要性就不言而喻了。

总之，优势型家长要懂得“唤醒”的重要性，多多赏识和鼓励自

己的孩子，给孩子创造一个温暖、宽松的生活环境，这样就容易将孩子“唤醒”，将孩子内在的潜能彻底释放出来，让孩子主动地去追寻希望，达成梦想。

唤醒法则对家长的提醒和建议

第一，父母要明白，培养孩子，是把他培养成一个“有血有肉的人”，让他活出最好的自己，而不是一台“学习机器”，这就要求家长在平时善于发现孩子的长处，尊重孩子的个性发展，“唤醒”孩子的潜能，达成孩子的梦想。

第二，“唤醒”孩子的前提是提供一个好的环境，给孩子足够的爱和温暖，让孩子有充分的安全感，再加上不断激发孩子，激励孩子，孩子就有可能被“唤醒”。

第三，尊重和赏识孩子，哪怕孩子有那么一点点进步，也要加以肯定和赞美，让孩子的自信心慢慢成长。自信增加了，孩子就更容易被“唤醒”，更容易找到自己的人生方向，更容易实现最好的自己。

第四，多带孩子到不同的地方和环境走一走，看一看，接触不同的人和事，就更容易找到孩子的“热键”，更容易“唤醒”孩子，让孩子找到自己擅长、热爱的事物，生发出自己的梦想和希望。

第四法则：赏识法则

赏识是人性深处的一种需要。不管是小孩、青少年、成年人、老人，都深切需要真诚的赞美；从某种意义上而言，欣赏和赞美甚至比吃、穿等物质需求更为迫切。优势型家长要懂得欣赏自己的孩子、赞美自己的孩子，让孩子以积极乐观的心态面对人生的同时，潜能得到最大程度的发挥。

美国心理学家威廉·詹姆斯曾经说过："人性最深刻的原则就是希望别人对自己加以赏识。若与我们的潜能相比，我们只是半醒状态。我们只利用了我们肉体和心智能源的一小部分而已。从大处讲，每一个人离他的极限还远得很。他拥有各种能力，就看能不能唤醒他们。而慷慨的赞美就是唤醒他们的有用方法。"

我们认为，赏识教育是优势型家长教育孩子最好的方法之一。

做一个会赏识孩子的父母

就像植物渴望得到阳光、雨露一样，人类本性中最殷切的需求就是被赏识。在现实生活中，人人都渴望得到赏识，更何况心灵脆弱、单纯的孩子，他们更需要父母的真诚赏识。

威廉·詹姆斯曾经做过一项调查，结果发现：一个没有受过激励的人，仅能发挥自身能力的20%～30%，而当他受到激励之后，其能力可以发挥到80%～90%。也就是说，一个人在受到充分的激励之后，所发挥的能力相当于激励前的3～4倍。因此，在孩子的成长过程中，赏识教育是至关重要的！

很多有成就的人，正是因为受到父母、长辈的赏识，才不断激励着他们坚定地走向成功。

世界三大男高音之一的帕瓦罗蒂，拥有一副好嗓子，出生后的第一声啼哭，让医生格外吃惊，说从未听过音调如此之高的啼哭。当帕瓦罗蒂还是个孩子时，祖母就经常把他抱在膝盖上，对他说："你将来会成为一个了不起的人物，你不久就会明白了。"

后来，他当了一名小学教师，偶尔唱唱歌。父亲便不断鼓励他，说他唱歌有潜力。于是，他放弃教学，从事保险行业，争取到了比较充裕的时间发展唱歌的天赋，这成了他一生的转折点。

当帕瓦罗蒂成名之后，这样说道："如果我不听父亲的话，仍当教师，我就永远不会站在舞台上。不错，我的老师培养训练了我，但没有一位老师对我说我会成名。只有我的祖母，只有祖母那句话激励了我。"

如果没有祖母那句激励的话语，帕瓦罗蒂可能永远都不会觉得自己将来会一举成名；如果没有父亲的鼓励，他可能只会当一辈子的小学教师，这就是赏识的神奇作用。

有人曾说："赏识是一种爱的表现，它不是虚情假意的作秀，也不是毫无原则的包办、溺爱，更不是功利性的激励，而是发自内心的关爱与期待。"

一个善于赏识孩子的父母，总是着眼于孩子的优点和每一次进步，并不断地鼓励他，给他前进的动力和信心。同时，对于孩子的缺点和错误，优势型的父母总能以理解、宽容的态度对待他，帮助他改正缺点和错误。

“生活中处处都有美，只是缺少发现美的眼睛。”这是大家耳熟能详的一句话。同样的道理，赏识孩子也需要发现的眼睛；我们只要拥有一双善于发现的眼睛，都会发自内心地赏识孩子。

赏识的前提是信任与尊重

赏识应该是一种发自内心的欣赏，只有不怀疑，才可能看到对方赏心悦目的表现；只有不轻视，才能表达出最真切的赞美。所以，赏识的前提是信任与尊重。

孩子都是脆弱而敏感的，他最初迈出的脚步也不会那么稳健，如果单看表面，孩子的表现其实称不上很好。但此时如果家长表现出信任，无论是信任的眼光，还是手势，都会让孩子内心充满力量。

一个学习成绩比较差的孩子，如果家长给予真诚的鼓励和欣赏，信任与尊重，奇迹就有可能发生。下面的例子是一个广为流传的感人故事。

有一个母亲参加孩子的家长会，幼儿园老师说：“你儿子有多动症，在板凳上连三分钟都坐不了，你最好带他去医院看一看。”

回家路上，儿子问老师都说了些什么，妈妈鼻子一酸，眼泪差点流下来。因为全班三十多位小朋友，唯有儿子表现最差，唯有对儿子，老师表现出不屑。

然而她还是告诉儿子：“老师表扬你了，说宝宝原来在板凳上坐不了一分钟，现在都坐到三分钟了。其他妈妈都非常羡慕妈妈，因为全班只有宝宝进步了。”那天晚上，儿子破天荒吃了两碗饭，并且没让她喂。

儿子上小学了。又是家长会，老师对她说：“你儿子数学成绩倒数第三，我怀疑他智力上有障碍，你最好能带他去医院查一查。”

回家路上，她流下了眼泪。然而，当她回到家里，对坐在桌前的儿子说：“老师对你充满信心。只要你能细心些，会超过你的同桌。”

说完，发现儿子黯淡的眼神一下子亮了起来，沮丧的脸也一下子舒展开来，她甚至发现儿子温顺得让她吃惊，好像长大了许多，第二天上学时，去得比平时都早一些。

儿子上初中了，又一次家长会，她破例没有听到老师在差生中点到儿子的名字，这简直让她有些不太习惯。

家长会结束，她上前问老师，老师说：“按照你儿子现在的成绩，考重点高中有点危险。”她满怀惊喜地走出校门，发现儿子正在等她。路上，她扶住儿子的肩膀，心里说不出的甜蜜，笑着说：“班主任对你非常满意，说只要你努力，很有希望考上重点高中。”

高考结束了，第一批大学通知书下来了，她让儿子去一趟学校。她有一种预感，儿子被清华大学录取了。因为在报考时，她对儿子说过，相信他能考取这所大学。

儿子从学校回来，把一封清华大学录取通知书放到她手里，突然转身跑回自己的房间大哭起来。边哭边说：“妈妈，我知道自己不是个聪明的孩子，可是，这个世界上只有你能欣赏我……”这时，妈妈悲喜交加，再也按捺不住十几年来隐藏在心中的泪水，任它滴在手中的信封上……

以上这个故事充分说明：拒绝和否定会摧残孩子，信任和尊重会成就孩子。尤其是父母和老师对孩子的赏识，会让孩子迸发出顽强的生命力和战斗力！

赏识孩子需要宽容和理解

孩子有好的表现，当然也会有不尽如人意的地方。宽容地看待孩子的成长，理解他正处于学习成长的阶段，这样我们更容易赏识自己的孩子。

相传古代有位老禅师，一日晚在禅院里散步，看见院墙边有一张椅子，他立即明白了有位出家人违反寺规翻墙出去了。老禅师也不声张，静静地走到墙边，移开椅子，就地蹲下。不到半个时辰，果真听到墙外一阵响动。少顷，一位小和尚翻墙而入，黑暗中踩着老禅师的背脊跳进了院子。当他双脚着地时，才发觉刚才自己踏上的不是椅子，而是自己的师傅。小和尚顿时惊慌失措，张口结舌，只得站在原地，等待师傅的责备和处罚。

出乎小和尚意料的是，师傅并没有厉声责备他，只是以很平静的语调说："夜深天凉，快去多穿一件衣服吧。"

说完，他缓缓踱着步子回了禅房。

我们可以想象听到老禅师此话后，他徒弟的心情，在这种宽容的无声教育中，徒弟不是被他的错误"惩罚"了，而是被"教育"了。其实，在孩子没有犯下特别严重的错误时，如果家长采取宽容的态度平和面对，教育的效果反而会更好。

陈莉刚搬了新家，看着刚装饰好的新房，她的心里别提有多高兴了。一天晚上，她和老公都要加班，只好让女儿自己在家。陈莉回到家后，发现洁白的墙壁上被女儿画得乱七八糟，还写上了“爸爸妈妈我爱你们”几个大字。

女儿看到妈妈回来了，高兴地对妈妈说：“妈妈，你看我画得好吗?”

陈莉看着女儿兴奋的表情，放弃了本来训斥女儿的想法，和蔼地对女儿说：“你画得真好，谢谢你，爸爸妈妈也同样爱你。不过，你看这洁白的墙壁，被你画上了画，写上了字，就像别人在你白白的小脸上写字一样，你会高兴吗？所以说墙壁也会非常难受的。以后记住不要在墙上画画，应该在纸上画，最好是在自己的图画本上画，那样多好啊。”

女儿看看被自己画得乱七八糟的墙壁，又摸摸自己的脸，羞愧地对妈妈说：“妈妈我错了。”“嗯，这才是妈妈的乖女儿。我知道你不是故意的，所以妈妈不怪你。不过星期天要和爸爸妈妈一起给墙壁洗脸，好吗?”“好啊，我要给墙壁洗脸，让它干干净净的。”女儿拍着小手说。

当孩子没有故意犯下错误时，父母首先应该对孩子的本意给予赏识，然后帮助孩子分析错在哪里，并教给他正确的方法，指导孩子的生活和学习。受到父母赏识和宽容的孩子，会在愉快的心情中接受父母的建议，铭记自己的失误，并在以后逐步改进或改正。

赏识孩子也需要批评

很多父母认为，赏识孩子就是只能赞扬不能批评，其实这是错误的。赞扬和批评都是不可缺少的教育方式。如果说表扬是阳光，那么批评就是风雨，孩子只有经过“阳光”和“风雨”的共同洗礼，才能茁壮成长。

一位妈妈信奉赏识教育，经常使用表扬这种赏识手段。每当儿子独立完成一件事情，妈妈就竖起大拇指，高兴地表扬儿子：“儿子，你真棒！”“儿子，你太聪明了。”

有一次，妈妈教儿子背古诗，儿子很快就背过了，而且准确无误，妈妈毫不吝啬地表扬他：“这么快就背过了，我儿子真聪明！”又有一次，儿子顺便倒了一回垃圾，妈妈就不停地表扬他懂事。

渐渐地，儿子显露出傲慢的心理，总是觉得其他人不如自己好。妈妈要是没表扬他，他就会不高兴，甚至不肯努力学习或用心做事。

这个孩子之所以会变成这个样子，就是因为妈妈走进了表扬的误区：盲目、过度地表扬孩子。我们应该表扬孩子，但不能无原则、无节制地表扬，否则会阻碍孩子的成长和发展。

除了表扬，其实批评也是家庭教育的必要元素，在孩子成长的过程中，表扬和批评，无论缺少哪个，都是不完整的。正如亲子教育专家所言：“没有惩罚的教育是不完整的教育。”

我们认为，对孩子应该是七分表扬，三分批评。两者结合使用，效果最好。如果把孩子比喻成正在成长的小树，家长是园丁，那么，赏识就是浇灌、施肥，而批评就是剪枝、除虫。无论缺少哪一种教育方式，小树都无法长成参天大树。

一个小孩子偷钱买东西吃，被父亲发现了。父亲命令他在冬天的院子里罚站一小时。当父亲看到孩子的哆嗦样子，突然意识到，孩子犯这样的错，根本原因不在他，而是自己平时就没有好好关心、教育过孩子。于是他站到儿子身边说：“孩子，偷钱是你的错，但是把你教育成偷钱的孩子，是我的错。我更应该接受惩罚。爸爸罚自己站一个小时，你只要站半个小时。”父亲的认真和惩罚分明，打动了孩子的心。此后，孩子再也没犯过同样的错。

特别需要提醒家长的是，“批评”是一种需要把握尺度的教育方式，它需要有良好的倾听、共情、语言、理解能力，同时，还需要了解孩子的生理、心理特点。

总之，优势型家长对孩子的教育应该以赏识为主，批评为辅。赏识孩子时发自内心，言之有物，不流于泛泛；批评孩子时要客观、宽容，同时要懂得批评的艺术。两者结合运用，这样才能达到最佳的教育效果。

赏识法则对家长的提醒和建议

第一，赞美必须是由衷的。我们成年人有时对孩子兴高采烈呈现出来的作品连看都不看就说：“好好，很好。”这种敷衍式的反应会让孩子很扫兴，会挫伤孩子的自信心，孩子是不可能得到愉快体验的。

第二，赞美必须是具体的。对他们的赞美要具体、明确，比如说，孩子孝顺爷爷奶奶，给爷爷奶奶买了礼物，不要单纯说：“孩子，你真棒。”而是应该说：“孩子，你长大了，懂得给爷爷奶奶买礼物，虽然东西不大，但体现了你有爱心，爸爸妈妈看了非常高兴！”后者的表扬就比较具体，容易让孩子接受。

第三，赞美要坚持原则。由于溺爱，有些家长喜欢无原则地对孩子的行为加以赞美，造成孩子是非不清、飞扬跋扈的坏脾气。孩子按大人的要求去做很好，应该及时赞美，但做了不对的事情，即使孩子哭闹、耍赖皮也不要去迁就他、说好话。否则，赞美就失去了原来的意义。

第四，赞美要有休止符。当孩子经过努力做出了成绩，形成了良好习惯后，比如自己穿衣服、自己吃饭，就应该适当减少这方面的赞美，因为这些都是孩子应该学会的。

第五，赞美应该及时。及时的赞美会让孩子获得积极的情感体验，而这种体验能更好地促进孩子的下一步努力。如果过后没有及时赞美，下次赞美时效果会大打折扣。

第六，不要直接赞美孩子整个人，而应该赞美孩子的具体行为。也不要夸大其词，否则会让孩子沾沾自喜，骄傲自大。

第五法则：氛围及关系法则

只有良好的家庭氛围才能创造出融洽、和谐的亲子关系，才能给孩子一个平等、舒适的沟通环境，才能让孩子主动接收到家长传递的信息，而所有的教育都是基于这种关系展开的。有亲子教育专家指出，“好的关系胜过好的教育”，我们认为这是非常有道理的。“优势型家长”教育孩子，为孩子创造出好的家庭氛围和亲子关系，这是孩子健康成长的重要前提。

一个国家要发展，首先要有一个好的氛围：政治上要稳定，经济上要发展，没有战乱，没有恐怖主义。一个企业要发展，首先要有一个好的氛围：人人争先，积极向上，朝气蓬勃，充满希望。

一个家庭要幸福，孩子要教育得好，首先也要有一个好的家庭氛围和亲子关系，只有这样，好的教育才能逐步展开。

家庭氛围的含义及重要性

家庭氛围是一个家庭中，家庭成员之间的关系及其营造出的人际交往情境和氛围，它对家庭成员的精神稳定和心理健康都起着非常重要的作用，是家庭成员生活及成长的重要环境因素。对儿童来说，家庭是其成长的首要环境因素，在很大程度上决定着儿童的心理品质及人格发展。

所以，要想取得亲子教育的成功，优势型家长必须处理好以下问题：把握住亲子教育的基本规律，建立起良好的家庭氛围。

以下是专家建议的一些基本原则：

（一）榜样原则。以身作则，身教重于言教，这是家庭教育最主要的原则之一。俗话说：欲教子者先正其身。这是告诫做父母的要严格要求自己，时刻不忘旁边有个正在成长的以你为榜样的孩子。

（二）教育一致性原则。儿童的健康成长是学校、家庭和社会诸多方面教育共同影响的整体成果。如果各行其是，彼此矛盾互相抵消，教育是不会成功的。家庭教育也是如此，不但要密切配合学校和老师的教育，使其取得一致，家庭成员之间也要前后统一，步调一致。

（三）回避原则和信息净化原则。家长在议论领导或同事长短及夫妻婆媳之间的矛盾时，应避开孩子。对不正确的言论、现象应给予客观的分析、批判；对社会上、邻里间一些不正之风和丑恶现象要帮助孩子分清，要求孩子对不文明的言行一定不学不做。

（四）平等、民主、正面教育原则。目前，家长说了算，家长和子女不平等，甚至对孩子随意打骂等现象还依然存在。这样是不可取的，会使孩子形成许多坏习惯。家长有事要与孩子商量，自己有缺点要勇于向孩子承认。孩子有了缺点错误，家长不应打骂，应对孩子动之以情，晓之以理，以说服教育的方式帮助孩子改正。

优势型家长应该以上述原则为标准，严格要求自己，创建出良好的家庭氛围。

不良家庭氛围的类型及危害

下面再来看看，日常生活中出现的几种不良家庭氛围及其危害。

（一）扼杀快乐型。容易引起不良情绪的常见家庭氛围之一就是扼杀快乐型。在这样的家庭里，总是弥漫着低落、消极的情绪。

（二）批评式家庭氛围。另一种能滋生出不良情绪的家庭氛围是批评式氛围。这样的家庭里，彼此间充满敌意，动不动就批评指责别人。

（三）冷战式家庭氛围。在有些家庭中，批评性的氛围是以冷战的形式存在的，而不是公然的唇枪舌剑。这样的家庭里，批评在本质上是一种尖锐、挖苦的冷嘲热讽。

（四）厌恶式家庭氛围。还有一种引起不良情绪的家庭氛围是厌恶式氛围，或者可以说是缺乏关爱的氛围。通常厌恶式氛围的根源在于：父母之间彼此厌恶，他们之所以还勉强在一起是“为孩子好”。

（五）自私自利型家庭氛围。能滋生出不良情绪的另一种家庭氛围是自私自利型，它与批评式氛围有稍许不同。

（六）怨天尤人型家庭氛围。所有不良家庭氛围中，在这种家庭氛围里生活是最让人难以接受的，因为你身边总会有个终日抱怨的人。

（七）婆家掌权型家庭氛围。另一种会对家庭情绪造成不良影响的氛围是婆家掌权型氛围。婆家掌权现象可能会非常明显，但却不好处理。

以上几种不良的家庭氛围类型，在现实生活中仍然经常存在，需要引起“优势型家长”的高度重视。

如何建立良好的家庭氛围

要想建立起良好的家庭氛围，我们建议如下：

（1）家庭成员之间交流思想，相互尊重，不使用污言秽语，不轻易互相指责攻击。

（2）全家人常在一起玩乐、游戏，尽可能一起到户外去玩耍。

（3）当全家某一成员讲话时，其他人有仔细听的习惯。

（4）家里某人外出，其他人能大概了解其去向和回家时间。

（5）家庭中某一成员生病时，大家能给予关心和照顾。

（6）对家庭的重大问题，如购买贵重物品、安排节日活动等，大家在一起商量决定。

（7）不过多地限制孩子的爱好和兴趣，当发现孩子做得不对时，应和善地予以启发和教育。

（8）不过度训斥孩子。

（9）答应替孩子办的事而没有办到，父母应及时向孩子做出解释。

（10）家庭成员间时常彼此表扬赞美，让整个家庭充满亲密无间的感觉。

著名教育家苏霍姆林斯基认为：家庭风气既是进行家庭教育的前提条件，它本身也是一种有效的教育方式。如果说孩子是一颗种子，那么家庭就是土壤，家庭心理氛围便是空气和水分。因此，家庭心理氛围，对孩子的成长至关重要。怎样营造出良好的家庭心理氛围，是家长必须关心的课题。

正如教育家马卡连柯所说："你怎样穿衣服，怎样和别人谈话，怎样谈论其他人，你怎样表现欢欣和不快，怎样对待朋友和仇敌，怎样笑，怎样读报——所有这些对儿童都有很大的意义。”因此，父母高尚的情操、文明的举止，会深深感染孩子，从而促进家庭心理氛围积极向上。

优势型家长应努力营造出以下的家庭氛围：

夫妻关系融洽，坦诚沟通；即使偶尔有争执，也不应该上升到责骂和动手的境地。爸爸善良、正直，有事业心，有责任心，说话算数，在有权威的氛围下保持着轻松幽默的沟通风格，与孩子是好朋友；孩子非常敬重爸爸，认为爸爸是自己的一片天，一棵值得依靠的大树；孩子也愿意与爸爸玩耍，觉得爸爸不但是自己的好朋友，而且是自己的兄弟和伙伴。妈妈善良、体贴，对孩子的关心细致入微，孩子既喜欢妈妈温柔的怀抱，又愿意将自己的心里话和妈妈诉说。当妈妈对孩子有什么要求时，也尽量采取温和的口气，让孩子感觉到自然和轻松。

爸爸妈妈都非常疼爱孩子，并且都善于站在积极的角度上看待孩子所做的一切；即使孩子偶尔犯错，爸爸妈妈也是采取引导而非打压的方式来解决，这种方式让孩子很容易接受。

良好亲子关系的重要性

亲子关系是我们每个人来到世间的第一个人际关系，它跟我们每个人的心身健康都息息相关，对个人在成长的道路上有着巨大的影响。

亲子关系指父母与未成年子女的关系，这一阶段的亲子关系是决定孩子一生当中能否走向成功的最重要的关键时期。这一时期对孩子性格的形成、品质的培养、意志的磨炼、与人交往模式的建立，都起到决定性的作用。

下面的案例充分说明了这一点。

有两个高中生谈恋爱了，并且女生还不小心怀孕。这件事情被老师发现，老师还趁学生不在的时候偷偷搜查了男同学的书包。这一查不得了，老师发现了女同学写给男同学的情书，情书里面有他们俩性行为的详细描写。老师很负责任，对他俩进行了严肃批评，老师的心地是好的。但老师犯了一个错误，不小心把这个事情给透漏出去了，闹得整个年级都知道了这件事情，同学们对他俩指指点点。

两个同学在学校里待不下去了，回到家后，两家的父母异常震惊，女生家长跑到男生家里又打又骂，说男生害了自己的女儿；男生家长心里也想，是你们家姑娘勾引我们儿子，双方闹得很不愉快。

青春期是叛逆的，这两个同学索性不在家里居住，跑到外面租了一间民房，把孩子给生了下来。两个学生怎么会照顾一个又哭又闹的孩子呀！加上没有了经济来源，男生铤而走险，开始抢劫，最后被警察抓获……

这是典型的师生关系、亲子关系的失败。

再看另外一个案例。

一个农村妈妈与女儿相依为命，妈妈在城市打工，女儿上高二。一天女儿“扑通”一声跪在妈妈面前大哭，妈妈吓了一跳，妈妈大惊问：“孩子你怎么啦?”女儿说：“妈妈我对不起您，我不小心怀孕了。”

妈妈大惊，但也忍住悲伤，劝说女儿，说事已至此，女儿要坚强，妈妈会想办法。

后来，妈妈到医院挂了号，偷偷地帮女儿做了人工流产。妈妈还帮女儿请了假，妈妈自己也请了假，在家精心照顾女儿，一句责备的话也没有。

女儿非常感动，说妈妈您是世界上最好的妈妈。妈妈还自责说自己没有尽到责任，很对不起女儿。女儿悔恨交加地把过去发生的事情一五一十地告诉了妈妈，妈妈也借这个机会与女儿谈人生、谈婚姻、谈爱情。

二十天后，女儿健康出院，同学们也只是认为她生病回来学习了，非常自然地看待这件事情。女儿到学校后发奋学习，成绩扶摇直上，考上了北京一所重点大学。

以上案例，情况都差不了多少，但结果为什么会天壤之别呢？我们认为，不同的关系导致了不同的结果：案例一中，无论是师生关系、还是亲子关系，处理得都不到位，最后导致悲剧的发生；案例二中，妈妈很好地处理了母子关系，让女儿化自责为力量，发奋学习，取得了人生的转机！

总之，一个家庭，如果没有好的家庭氛围，没有良性的亲子关系，一切教育将难以展开；反之，如果氛围良好，夫妻关系融洽，亲子关系和谐，整个家庭处于一种温暖、自由、愉悦的气氛下，好的教育自然会慢慢展开。

氛围与关系法则对家长的提醒和建议

第一，家庭氛围是孩子成长的土壤。对孩子一生习惯的形成和人格的发展都具有重大意义。建立一个良好的家庭氛围，让整个家庭处在一种民主、温暖、宽容、爱、欢乐的氛围中，是优势型家长不可推卸的责任和义务。

第二，父母之间的关系是好是坏，直接关系到孩子看待世界的角度和后天性格的形成。并且，父母的角色不能互相代替，“严父慈母”是一个比较典型的模式：爸爸要严肃，同时又不能让孩子过于惧怕父亲；妈妈要温柔，但也不能一味地没有原则。夫妻双方共同努力，创造出一个权威民主型的家庭氛围，最有利于孩子的成长。

第三，要加强与孩子的沟通。温暖的语言是爱的体现，妈妈与孩子多谈谈心、聊聊天、开开玩笑，都是孩子在成长过程中不可或缺的精神营养。爸爸也不要借口自己工作忙，而忽略了孩子。毕竟，工作是手段，生活才是目的，不要本末倒置。孩子只有在父母营造的爱的氛围下长大成人，将来就能回馈给父母更多的爱和欢乐。

第四，孩子做了正确的事情要多鼓励，但孩子出了问题时，优势型家长也应该抱着宽容的态度来对待。因为，宽容有时比惩罚更有力量，宽容是建立良好亲子关系的有效方法。

第六法则：学商法则

学商，也称学习商数，是指一个人不断地从外界环境中获得认知，并通过逻辑思考获得经验的能力，也就是指一个人的学习能力和学习素质。主要包括智商、学习态度、理念、习惯、方法等各个方面。这些方面相辅相成，并互相影响。优势型家长要重视孩子的学商，帮助孩子更好地提高学习成绩。

学商，与我们每个人的成长密不可分。一个人如果拥有高学商，那就意味着他有较强的学习能力。处于成长关键期的孩子，学习能力的强弱在一定程度上影响着他们未来的发展。

学商不等于智商，但与智商有互动关系，智商是学商的一部分。智商高的人，在学习上有先天优势；而学商高的人，则直接决定后天智力的开发程度。

虽然我们总说学习成绩只是人生中的一个方面，但智商、学商无疑是人生中的重要方面。一个人要想成功，高智商不一定是必需的，但较低的智商肯定成功不了。或者说，智商、学商是成功的必要条件，但不是充分条件。

学商，并不仅局限在智力因素方面，在很大程度上，非智力因素对孩子的学习成绩所起的作用更大，甚至是决定性的。也就是说，非智力

因素也是学商教育的重要内容。所以，优势型家长除了关注孩子的智力因素的培养，也一定要关注孩子非智力因素的培养。

引导孩子树立理想并奋斗

有积极健康的理想，是良好学商表现中比较重要的一项。理想就是孩子前进的目标与动力，当他内心有了目标以后，他的努力就不会那么盲目，在有了动力以后，他就会发奋努力，勇攀高峰。在理想的指引下，他在学习上的安排也就有了大致的方向。

孩子应该从小树立起理想，这样他的学习就是有目的有意义的。但可悲的是，你问低年级的孩子理想是什么，他会毫不犹豫地告诉你；如果你问一个高年级的孩子，大部分会犹犹豫豫。高年级的孩子似乎不再关心虚幻的理想了，他们已经被现实中的成绩搞得焦头烂额。这是一个让人心痛的现实。

家长应该保护好孩子心中的理想，而不能刻意打击，更不能直接否定。有的家长会对孩子的理想发表观点："孩子的理想太大了，根本不现实。"很多情况下，一个天才往往就这样被扼杀掉了。

一个巡回驯马员的孩子，由于父亲总要从一个马场跑到另一个马场，从一个马厩跑到另一个马厩，结果这个孩子总是不断换学校。在高中时，有一次老师让学生写作文，题目是《我的梦想》。他写了整整7页纸，他的梦想是拥有一个养马场。在作文中，他画出了理想中的养马场，包括所有的马厩及跑道的位置，还有4000平方英尺的主楼和200英亩的梦幻牧场。可是两天后作文发下来了，第一页上却批了个大大的"不及格"，老师在边上还批了一行小字："课后来见我。"充满梦想的孩子问老师："我为什么不及格?"老师说："对像你这样的孩子来说，这完全是不切实际的梦想。你出身于巡回驯马员家庭，什么条件都没有。建一个养马场需要很多钱，你根本无法承受。"老师又说："你可以重写一篇，目标现实一些，我会重新考虑你的得分。"

一周后，孩子仍把原来的作文交了上去，毫无改动。他对老师说："你可以不改分数，但我不改梦想。"

现在，他的梦想已经实现，不仅拥有理想中的养马场，包括所有的马厩及跑道的位置，还有4000平方英尺的主楼和200英亩的梦幻牧场。他的那篇作文被镶在镜框里挂在壁炉上方。

后来他高中的老师曾经带领学生参观过他的养马场，离开时说："我年轻时是个偷梦者，那些年我偷盗了许多孩子的梦想，多亏你有足够的勇气抓住自己的梦。"

理想是一个神奇的东西，它的存在会让人不再浑浑噩噩地混天度日，会让人不管做什么都充满干劲。看到理想越来越近时，人也会更加努力。这就是一个良性循环，理想的存在在某种程度上会让人变成永动机。所以，优势型家长一定要千方百计地保护好孩子心中的理想，并让这个理想早日梦想成真!

全面提升孩子的学习兴趣

兴趣是最好的老师，孩子在学习的过程中，非常需要兴趣这个特殊的导师。在兴趣的感召下，孩子会自动自发地学习，会感觉到学习是一件快乐的事情，而所获得的收获往往也能够达到最大化，因此，我们要全面提升孩子的学习兴趣，进而提升其学商。

首先，要营造合适的学习环境，不要让孩子轻易受到外界的干扰。孩子是否乐于学习，是否能够安心学习，环境起着举足轻重的作用。我们都听过“孟母三迁”的故事，孟母为了给孟子创造一个良好的学习环境，不惜三次搬家，孟母如此重视环境对孩子的影响，是值得我们借鉴的。然而，有的父母却并不重视环境对孩子的影响，一回到家就自己娱乐，打牌、喝酒或看电视，在这样的一种环境下，孩子怎么还有心情学习？相反，如果我们为孩子营造出合适的学习环境，不让他受到外界的干扰，他就会以稳定的情绪、平和的心态投入到学习中去。

其次，要善于激发、引导孩子的学习兴趣。孔子曰：“知之者不如好之者，好之者不如乐之者。”对于学习而言，懂得怎样学习的人，不如爱好学习的人，爱好学习的人，不如以学习为乐的人。

美国心理学家布鲁纳曾经说：“学习的最好动机，乃是对所学教材本身的兴趣。”兴趣对孩子的学习有着神奇的内驱动力，孩子一旦对某一学科产生兴趣，他的学习热情就会被点燃，主动性就会得到发挥。

科学家霍金小时候的学习能力似乎并不强，他很晚才学会阅读，上学后在班级里的成绩从来没有进过前10名，而且因为作业总是很不整洁，老师们觉得他已经无可救药了，同学们也把他当成了嘲弄的对象。在霍金12岁时，他班上有两个男孩子用一袋糖果打赌，说他永远不能成才，同学们还带有讽刺意味地给他起了个外号叫“爱因斯坦”。谁知，20多年后，当年毫不出众的小男孩真的成了物理界一位大师级人物。这究竟是什么原因呢？

原来，随着年龄渐长，小霍金对万事万物如何运行开始感兴趣起来，他经常把东西拆散以追根究底，但在把它们恢复组装时，他却束手无策，不过，他的父母并没有因此而责罚他，他的父亲甚至给他担任起数学和物理学“教练”。在十三四岁时，霍金发现自己对物理学方面的研究非常有兴趣，虽然中学物理学太容易太浅显，但他认为这是最基础的科学，有望解决人们从何处来和为何在这里的问题。从此，霍金开始了真正的科学探索。

霍金勤奋学习的故事，让我们看到，孩子在对某一方面展现出兴趣的时候，家长们不要急着去扼杀孩子的兴趣，而是应该慢慢引导、培养兴趣，这样孩子更容易成才。

好的学习方法与习惯成就孩子一生

热爱学习是孩子能把学习搞好的基本条件，但是，只是热爱学习而缺乏正确的学习方法和习惯，也是无源之水、无本之木。所以，我们要注重引导孩子掌握良好的学习方法，培养他们养成良好的学习习惯，这将会成就孩子的一生。

首先，要教会孩子自动自发地学习。就是把学习视为自己的迫切需要和欲望，是主动而不是被动的学习。如果孩子能够自动自发地学习，就好比拥有了一把打开知识宝库的钥匙，能够在今后的学习中不断充实、完善自己。

其次，让孩子要提前预习，永远快人一步。对孩子的学习而言，预习、听课、复习是必要的环节，几乎代表着整个学习过程。这三个环节环环相扣，一个都不能少。预习是课前的自学，是提高学习效率和学习成绩的好方法，也是提高自学能力的有效途径。

第三，认真听课，学会做课堂笔记。听课是获取知识的中心环节，也是整个学习过程中最重要的环节。可以说，听课对孩子的学习起着举足轻重的作用。读书、学习需要掌握三个要领：心到，眼到，口到。此外，还要加一个“手到”，要教会孩子抓住课堂的重点，而不是面面俱到。

第四，要及时、认真完成各种作业。作为学生，有一项任务必不可少，就是家庭作业。要让孩子独立完成各种作业，不能让父母代劳。也要让孩子养成做作业的良好习惯，放学后，先完成作业，再去玩耍，不能在睡觉之前草草了事，这样才能保证作业的质量。

第五，做好复习也是提高学习成绩的必要一环。《论语》中有这样一句话：“温故而知新，可以为师矣。”温习学过的知识进而又能从中获得新的体会，得到新的知识，就可以凭此做老师了。而复习就能达到这样的效果。

德国有一位著名的心理学家名叫艾宾浩斯，他在1885年发表了他的实验报告后，记忆研究就成了心理学中被研究最多的领域之一，艾宾浩斯正是发现记忆遗忘规律的第一人。记忆的保持在时间上是不同的，有短时记忆和长时记忆两种，人们接触到的信息在经过人的学习后，便成了人的短时记忆，但是如果不经过及时复习，这些记住过的东西就会遗忘。

观察这条遗忘曲线，你会发现，学得的知识在一天后，如不抓紧复习，就只剩下原来的25%。随着时间的推移，遗忘的速度减慢，遗忘的数量也就减少。有人做过一个实验，两组学生学习一段课文，甲组在学习后不久进行一次复习，乙组不予复习，一天后甲组保持98%，乙组保持56%；一周后甲组保持83%，乙组保持33%。乙组的遗忘平均值比甲组高。

以上经典实验表明，在学习后及时复习，是提高学习成绩的有效方法。

第六，教孩子整理错题，善用错题。在学习的过程中，孩子必然会出现这样那样的错题。这不仅暴露了孩子掌握知识的欠缺之处，也反映了孩子学习过程的薄弱环节。事实上，孩子做错题并不可怕，可怕的是同样的错误一遍又一遍地重复；孩子做错题不要紧，要紧的是面对错题的态度。面对孩子的错题，有智慧的父母不会数落孩子，也不会无休止地说教，而会帮助他养成整理错题的习惯，让错题成为他的学习经验，而这种学习经验会成为孩子追求正确的宝贵资源。

于成亮1993年出生，是林州市第一中学高三班的应届毕业生，在文科高考中取得了673分的高分。

在一般人眼中，好学生都有些“呆头呆脑”，而于成亮却不然，不仅外表阳光帅气，非常精神，且彬彬有礼。说起取得的好成绩，于成亮谦虚地称，这是从网上学习往届高考状元学习经验的结果，其经验主要集中在3个方面。

厚厚的错题本，是他学习不断进步的第一个“法宝”。于成亮说，如何不让错题再错，或尽量减少差错，是学习不断进步的诀窍之一。而错题本，就是打开这个诀窍的一把“金钥匙”。高中三年下来，仅数学错题本就有十几本。英语等科也有错题本，这些提醒他不再犯同样的错误。

“善于总结、认真反思，是我的第二个学习‘法宝’。”对此，于成亮深有体会。每次考试，他都会认真总结经验、教训，找出不足，努力将薄弱环节变成强项。

“心态决定成功。”于成亮说，他通过无数考试证明了这个道理。他的父母都是普通工人，平日上班很忙，无暇过多关注他的学习，只是在得知他学习下滑厉害时，才鼓励一下。宽松的环境，让他学习、考试时，能够放下包袱，集中精力考出好成绩。对此，班主任兼数学老师李老师证实说："他能考这么高的分数，一个重要原因就是心态平稳。成绩的起伏，对他没太大影响。"

第七，让孩子掌握阅读方法，爱上读书。书是前人智慧、经验的结晶，也是知识最重要的载体。英国文学家莎士比亚曾经说："书籍是全世界的营养品。""生活中没有书籍，就像没有阳光；智慧里没有书籍，就好像鸟儿没有翅膀。"

如果孩子自幼就与书为伴，不仅可以增长知识、开阔眼界，还可以丰富心灵、陶冶情操。孩子书读得多了，自然会受到书本内容的影响，正如古人所说："腹有诗书气自华。"

对于0～6岁的孩子，关键以培养阅读兴趣为主。对6～10岁的孩子，我们要为他选择感兴趣的图书，鼓励他自主阅读。对10～13岁的孩子，我们要鼓励他多读好书，帮助他树立起正确的人生观、价值观和世界观。

给孩子插上想象力的翅膀

想象，是人类创造性思维的一种重要形式，拥有良好的想象力也是学商高的一种表现，因为想象力会使人更好地吸收并利用知识。由此可见，如果孩子能拥有丰富的想象力，那么他在知识学习方面就会有更多的收获。

首先，给孩子创造奇思妙想、异想天开的空间。如果说孩子的想象力是一匹充满野性的小马，可以任意地在思想的空间里驰骋，那有些家长就是驯马师，抓住马的尾巴不让他到处乱跑，也许这匹小马从此听话了，但再也无法自由自在地驰骋了。所以，优势型家长应该给孩子足够的空间，让孩子的想象力充分实施。

戴尔在少年时期就想象力丰富，奇思妙想迭出。

读高三时，戴尔经常听到同学们谈论想买电脑，但由于售价太高，许多人买不起。戴尔心想："经销商的经营成本并不高，为什么要让他们赚那么丰厚的利润?"一般人想到这儿，大都会停留在诅咒经销商上，而不再深入下去了，但戴尔继续想到："为什么不由制造商把电脑直接卖给用户呢？我如果把制造商的电脑比以商场上便宜的价格直接卖给用户，肯定会受欢迎。"

戴尔知道：IBM 公司规定，经销商每月必须提取一定数额的个人电脑，而多数经销商都无法把这些货全部卖掉；而如果存货积压太多，经销商会损失很大。于是他找到经销商，他们为了周转资金，当然是求之不得，于是按成本价把积压的电脑卖给了戴尔。戴尔把电脑拉回宿舍，加装配件，改进性能。这些经过改装的电脑，价格便宜，性能先进，很受欢迎。戴尔见到市场需求巨大，于是在当地刊登广告，以市场零售价的八五折推出他那些改装过的电脑。不久，许多商业机构，医生诊所和律师事务所都成了他的顾客。

由于市场需求量大，戴尔每月已能赚 5 万美元。在学业与创业之间，戴尔陷入了两难境地。戴尔不愿错过这千载难逢的机遇，他决定退学。经过和父母协商，父母同意戴尔在暑假试办一家电脑公司，如果办得不成功，到 9 月就要继续回学校读书。

得到父亲的应允后，戴尔拿出全部积蓄创办了戴尔电脑公司。戴尔仍然专门直销经他改装的 IBM 个人电脑，第一个月营业额便达 18 万美元。高中毕业的时候，戴尔公司每年营业额已达 7000 万美元。后来，戴尔停止出售改装电脑，转为自行设计、生产和销售自己的电脑。

其次，要帮助孩子去丰富他们的想象资源。如果一个人可接触的资源越多，那么他可以想象的空间越大。我们要利用好各种书籍，多给孩子买他喜欢的书籍。带孩子四处多走走，去看看名山大川，去看看人文古迹，还可以带孩子去参观博物馆，参加各种展览，让他亲身感受、了解不同领域中的事物。

第三，我们还要懂得欣赏孩子的“非标准答案”。“标准答案”是考试中必须要选择的一个选项。可能成年人还能勉强接受标准答案的“禁锢”，但孩子就不一定了。我们成年人不要轻易否定孩子的“非标准答案”，保护孩子的想象力。

近年来，有关标准答案的故事屡见不鲜，小学生考卷上的“笑话”并不少见。譬如2012年《新闻晨报》报道，上海某小学一年级语文试题：小鸟、蜜蜂、兔子和熊猫，请从中找出一种跟其他三种不同的动物。有人认为是小鸟，因为只有鸟有羽毛，还有的认为是蜜蜂，因为它是昆虫。但标准答案却是熊猫，理由是熊猫是唯一需由动物园饲养的动物，这一答案着实让人哭笑不得。看看这些五花八门的“神题”，出题者的目的是什么？有些教育专家解释说，类似这些开放性的题目可考察孩子的观察能力、联想能力并且可以开拓孩子思维。那么既然要开拓思维，答案就应该是多种多样的，限定答案该如何开拓思维？

培养孩子强大的思维力

人的智力主要包含思维力、想象力、观察力、记忆力、操作能力等几个方面，其中，思维力是核心，是衡量一个人智力高低的主要标志。**美国成功学大师拿破仑·希尔曾经说过：“思考能拯救一个人的命运。”**

因此，我们要重视培养孩子强大的思维能力。

首先，要教会孩子独立思考、灵活思考。思维力好比孩子大脑中运行的发动机，思维力弱，大脑就只能低速运转，思维力强，大脑就会保持高速运转，孩子往往会取得好的学习成绩。而思考的独立性和灵活性就是衡量思维力强弱的重要标准之一，有这样一则流传较广的小故事：

一名美国电视台的著名主持人问一个七八岁的女孩："你长大以后做什么？"

女孩自信地回答："总统。"

此时，全场观众哗然，主持人做了一个滑稽的吃惊状，然后问："那你说说，为什么美国至今没有女总统？"

女孩脱口而出："因为男人不投她的票。"

全场一片笑声，主持人继续追问："你确定是因为男人不投她的票吗？"

"当然确定。"

主持人对全场观众说"请投她票的男人举手。"

伴随着笑声，不少男人举起了手。主持人得意地对女孩说："你看，有不少男人投你的票。"

女孩淡淡地说："还不到三分之一呢。"

主持人转而对观众说："请在场的所有男人举手。"

在哄堂大笑中，在场的所有男人都举起了手。没想到，女孩露出了一丝无奈的笑意，然后说："你们不诚实，因为你们心里并不愿意投我的票。"

很多人目瞪口呆，然后是一片掌声……

在没有任何提示的情况下，一个只有七八岁的女孩凭着自己的思考和判断，对主持人的问题一一回答。这正是独立思考、灵活思考的体现。

其次，引导孩子从不同的角度思考问题。有人说："思考决定行动。"这句话很有道理，一个人无论做出什么样的行动，都是通过思考而来的。那么，思考的角度、深度，都将会影响行动。一个人如果懂得从不同的角度思考问题，就更能有利于自己的行动。

第三，培养孩子不畏权威、敢于质疑的精神。古语云："学起于思，思源于疑。"思考是学习的灵魂，而质疑则是思考的源头。孩子只有不畏权威、敢于质疑，才会发现问题，从而获得丰富的知识，取得更大的进步，正所谓"小疑则小进，大疑则大进"。

重视孩子非智力因素的培养

学商，不仅仅局限在智力因素方面，在很大程度上，非智力因素对孩子的学习成长起的作用更大，甚至是决定性的。也就是说，非智力因素也是学商的重要内容。所以，我们除了关注孩子智力方面的问题，我们也一定要重视孩子非智力因素的培养。

首先，我们要提高孩子的学习信心。当我们坚信自己的孩子非常优秀时，孩子就会全力以赴，努力取得令人满意的成绩。反之，我们认为自己的孩子不够优秀时，孩子也往往表现得如我们的预期一样糟糕。

其次，要向孩子传递积极进取的人生观。人生观是一个人对人生目的、意义和价值的看法和感悟。而积极进取的人生观可以促进一个人坚定不移地向未知领域不停探索。对孩子而言，它不仅能够提高孩子的智力，对孩子非智力因素的培养也有积极的作用，比如能够强化孩子坚强的意志，从而让孩子形成自觉、积极、主动学习的良好习惯。

苏步青小时候整天玩呀、闹呀，考试时常坐“红交椅”，到期末考试，他在班里得了倒数第一名。可是，他的作文写得还不错，私塾里的“偷听”，激发了他学习语文的兴趣，为作文打了一点基础。然而，语文老师越看越不相信，总认为苏步青的作文是抄来的。因此还是批给他一个很低的分数。这样，更激发了他的牛脾气，老师越说他不好，他越不好好学，一连三个学期，都是倒数第一名。同学和老师都说他是“笨蛋”。

有一次，地理老师陈玉峰把苏步青叫到办公室，给他讲一个小故事：“牛顿12岁的时候，从农村小学转到城里念书，成绩不好，同学们都瞧不起他。有一次，一个同学蛮横无理地欺负他，一脚踢在他的肚子上。他疼得直打滚。那个同学身体比他棒，功课比他好，牛顿平时很怕他。但这时他忍无可忍，跳起来还击，把那个同学逼到墙角，按在墙上。那同学见牛顿发起怒来如此勇猛，只好屈服。牛顿从这件事想到做学问的道理也不过如此：只要下定决心，就能把它制服。他发愤图强，努力学习，不久成绩跃居全班第一，后来成了一个伟大的科学家。”

苏步青见陈老师不批评他，还给他讲故事，心里很感激。陈老师见他垂着头，摸摸他的头后说：“我看你这个孩子挺聪明嘛，只要肯努力，一定可以考第一名。”又说：“你爸爸、妈妈累死累活，省吃俭用，希望你把书念好。像你现在这样子，将来拿什么来报答他们？”苏步青再也抑制不住心灵的震撼，泪水像断线的珍珠淌在自己的胸前，第一次感到自己做错了事。此后，他完全变成了懂事的孩子，不再贪玩，刻苦读书，到期末考试得了全班第一名。

老师积极的人生观对苏步青起到了重要的作用，使他认识到自己的错误，奋起努力，终于取得了好的成绩。

第三，要培养孩子强大的意志力和坚定的信念。现在大多数孩子做事没有耐性，经常是三分钟热度。造成孩子意志力薄弱的主要原因就是没有坚定的信念。

信念不是天空中转瞬即逝的流星，而是灯火通明的灯塔。一个人只有具备坚定的信念，才能在布满荆棘的人生道路上扬起风帆，将挫折和磨难击倒，最终达到成功的彼岸。

公元前496年，吴王阖闾派兵攻打越国，但被越国击败，阖闾也伤重身亡。两年后阖闾的儿子夫差率兵击败越国，越王勾践被押送到吴国做奴隶，勾践忍辱负重伺候吴王三年后，夫差才对他消除戒心并把他送回越国。

其实勾践并没有放弃复仇之心，他表面上对吴王服从，但暗中训练精兵，强政励治并等待时机反击吴国。艰苦能锻炼意志，安逸反而会消磨意志。勾践害怕自己会贪图眼前的安逸，消磨报仇雪耻的意志，所以他为自己安排艰苦的生活环境。他晚上睡觉不用褥，只铺些柴草，又在屋里挂了一只苦胆，他不时会尝尝苦胆的味道，为的就是不忘过去的耻辱。

勾践为鼓励民众就和王后与人民一起参与劳动，在越人同心协力之下，越国强大起来。最后，终于找到时机，灭了吴国。

总之，只有具备坚定信念的孩子，才能在学习中超越自身的惰性，才能取得最后的胜利。

优势型家长对孩子的理想、学习兴趣、学习习惯与方法、想象力、思维力、非智力因素等都要重视并加以悉心培养，才能让孩子的“学商”达到较高的水平。

学商法则对家长的提醒和建议

第一，家长要明白，学商高，不一定成功；但学商低，则注定要失败。纵观各行各业的成功人士，都是学习能力很强的人，或者说，都是学商很高的人。所以，家长对孩子的学商要高度重视。

第二，学商包含的内容很多：

- 引导孩子树立理想并奋斗，让孩子找到学习的方向与动力
- 全面提升孩子的学习兴趣，激发孩子的学习热情，让孩子爱上学习
- 好的学习方法和习惯成就孩子的一生，学习方法是技术问题，但也是实用的关键问题。养成好的习惯非常重要，好的习惯是孩子的第二性格
- 给孩子插上想象力的翅膀，想象力在某种程度上，比知识更重要
- 培养孩子强大的思维力，“思路决定出路，性格决定命运”，可见，思维力在人生中占据着重要的地位
- 重视孩子非智力因素的培养，学商绝不只包括智力因素，非智力因素如自信、良好的人生观、坚定的信念等，都会对孩子学习成绩起到重要的影响作用，甚至是决定性的作用

以上可以看出，学商是一个“整体”，是一个“系统工程”，除了老师的培养，家长更要创造出适合孩子学商发展的土壤，让孩子全面地进步与成长。

第三，再次强调，学商不等于智商，但学商包含智商。学商是全面的、系统的，是从长远来看保证一个人具有强大学习能力的体系，其内容很广。而智商只是为学商提供了必要的条件，两者不能划等号，但二者又是相辅相成的关系。

第四，对孩子而言，开发学商甚至是战略性的：树立终生学习的观念，会让孩子在激烈的社会竞争中处于不败之地；养成了终生学习的习惯，孩子在漫漫人生中就有了幸福的基本保证。

第七法则：情商法则

有人指出，成功，智商只占百分之二十，情商占百分之八十；不管这个比例是否准确，起码说明了情商的重要性。在现实生活中，情商往往包含以下内容：自我管理、与他人关系等。要想让孩子更好地成长，优势型家长要高度重视孩子的情商素质。

美国哈佛大学心理学教授丹尼尔·格尔曼曾说过："真正决定一个人成功与否的关键是情商而不是智商。"

"在促进一个人成功的个人因素中，情商的作用占到了80%，而智商的作用只占20%。"可见，情商是一个人成功不可或缺的重要因素之一，对成功起着决定性的作用。它比智商更能决定一个人的人生发展轨迹。

情商包括自我管理和与他人关系两大方面。

彼得·德鲁克曾经说过：一个人要想管理好别人，首先要管理好自己。所以，管理的终极法则是自我管理。所谓自我管理，就是指个体对自己本身，对自己的目标、思想、心理和行为等表现进行的管理，自己把自己组织起来，自己管理自己，自己约束自己，自己激励自己，自己管理自己的事务，最终实现自我奋斗目标的一个过程。

对孩子而言，自我管理包括：自信、自制、自我激励、抗挫折等。与他人关系包括：人际关系与沟通、影响力等。

自信是人生大厦的地基

自信是一种积极的心理品质，是引导人生走向成功的阶梯。自信心足的人，内心对自我是充分肯定的，具有强大的精神能量。这样的人无论在顺境或逆境中，都能积极地面对人生，集中智慧解决遇到的问题。

一个自信的人，能做到谈吐自然、与其他人和谐相处；一个不自信的人，是很难适应社会的。自信犹如一座大楼的地基，地基稳固，大楼则生存年限长，地基不稳固，任凭上面的主体搭建再好，也有倒塌的危险，可见自信是多么重要！

家长在培养孩子时，应多多欣赏孩子，多多重视孩子，多多鼓励孩子，这些都是帮助孩子形成自信的重要方法。当然，前提是善于发现孩子的闪光点和长处，而不能在孩子的短板上一味地用力。

小泽征尔是世界著名的交响乐指挥家。在一次世界优秀指挥家大赛的决赛中，他按照评委会给的乐谱指挥演奏，敏锐地发现了不和谐的声音。起初，他以为是乐队演奏出了错误，就停下来重新演奏，但还是不对。他觉得是乐谱有问题。这时，在场的作曲家和评委会的权威人士坚持说乐谱绝对没有问题，是他错了。面对一大批音乐大师和权威人士，他思考再三，最后斩钉截铁地大声说："不！一定是乐谱错了！"话音刚落，评委席上的评委们立即站起来，报以热烈的掌声，祝贺他大赛夺魁。

原来，这是评委们精心设计的"圈套"，以此来检验指挥家在发现乐谱错误并遭到权威人士"否定"的情况下，能否坚持自己的正确主张。前两位参加决赛的指挥家虽然也发现了错误，但终因随声附和权威们的意见而被淘汰。小泽征尔却因充满自信而摘取了世界指挥家大赛的桂冠。

小泽征尔因为自己的自信取得了成功，也得到了专家和评委的高度认可。反之，一个人如果不自信，就往往容易做出蠢事。

尼克松是我们极为熟悉的美国总统，但就是这样一个大人物，却因为一个缺乏自信的错误而毁掉了自己的政治前程。1972年，尼克松竞选连任。由于他在第一任期内政绩斐然，所以大多数政治评论家都预测尼克松将以绝对优势获得胜利。

然而，尼克松本人却很不自信，他走不出过去几次失败的心理阴影，极度担心再次出现失败。在这种潜意识的驱使下，他鬼使神差地干出了后悔终生的蠢事。他指派手下的人潜入竞选对手总部的水门饭店，在对手的办公室里安装了窃听器。事发之后，他又连连阻止调查，推卸责任，在选举胜利后不久便被迫辞职。本来稳操胜券的尼克松，因缺乏自信而导致惨败。

自制是成功人生的保证

自制力就是自我克制的能力。一个人克制能力的优劣能够决定人的心理品位、健康状况、智能的发挥程度。人的自制力虽然带有先天性，但后天的影响、教育、自身修养等更为重要。自制力的培养跟其他能力的培养一样，应该是越早越好。

一个人懂得自制，是成熟的重要标志。一个人没有自制，任由情绪自由的挥洒，不但容易伤害到别人，也容易给自己带来不可挽回的损失。所以，让孩子学会自制，是优势型家长的重要课题。

1960年，美国斯坦福大学心理学家瓦特·米伽尔把一些4岁左右的孩子带到一间陈设简陋的房子，然后给他们每人一颗非常好吃的软糖，同时告诉他们，如果马上吃软糖只能吃1颗；如果20分钟后再吃，将奖励1颗软糖，也就是说，总共可以吃到两颗软糖。

实验过程中，有些孩子急不可待，马上把软糖吃掉。有些孩子则能耐心等待，暂时不吃软糖。他们为了使自己耐住性子，或闭上眼睛不看软糖，或头枕双臂自言自语……结果，这些孩子终于吃到两颗软糖。

实验之后，研究者进行了长达14年的追踪。继续跟踪研究参加这个实验的孩子们，一直到他们高中毕业。跟踪研究的结果显示：那些能等待并最后吃到两颗软糖的孩子，在青少年时期，仍能等待机遇而不急于求成，他们具有一种为了更大更远的目标而暂时牺牲眼前利益的能力，即自控能力。而那些急不可待只吃1颗软糖的孩子，在青少年时期，则表现得比较固执、虚荣或优柔寡断，当欲望产生的时候，无法控制自己，一定要马上满足欲望，否则就无法静下心来继续做后面的事情。换句话说，能等待的那些孩子的成功率，远远高于那些不能等待的孩子。

这位心理学家的“软糖实验”给我们的家庭教育一个很好的启示：在教育孩子的过程中，家长要培养孩子的“延迟满足”的能力，即平时我们所说的“耐力”，让孩子学会坚持与等待。当然这种等待不是一味压制他们的欲望，更不是让孩子“只经历风雨而不见彩虹”。

说到底，它是一种克服当前的困难情境而力求获得长远利益的能力。不难想象，如果父母在孩子提出某种需求时设法“延迟满足”，让孩子感觉实现这个需求很艰难，那么，孩子不仅在需求满足的过程中，心理承受能力得到了锻炼，上进心或积极性得到了强化，而且在需求得到满足之后，会倍感愉悦，倍觉幸福，也会更加珍惜来之不易的满足。相反，如果我们家长对孩子百依百顺，孩子头脑中会逐渐形成了这样一个思维定式："我要什么马上就能有什么。"导致孩子会变得越来越任性，越来越贪心。可一旦离开家庭走入社会，任性、暴躁、急功近利的性格特点肯定会令他们饱受挫折和打击。而事事不顺心的他们，往往不会从自身找原因，反而觉得别人有意跟他们过不去，总是与周围的人处于一种对峙状态，长此以往，很可能造成忧郁、偏执、狂躁等各种心理疾病，这恰恰是家长们不愿意看到的。**但愿家长们都能重视孩子的"延迟满足"。在"延迟满足"中，孩子学会期待、学会感激、学会珍惜、学会克制、学会奋斗，体验到成功的快乐和人生的幸福。**

自我激励是成功人生的燃料

自我激励是指个体具有不需要外界奖励和惩罚作为激励手段，能为设定的目标自我努力工作的一种心理特征。自我激励是一个人迈向成功的引擎。

人生的成功与否，固然与外部环境有关。但是，更与自我激励有关，与自己的成功意识有关。科学家对创造型人才的调查和研究表明，创造型人才的一个主要特征是不怕失败，不迷信别人，不迷信权威。他们有一种强烈的自信心，美国的心理学家们曾进行过一项历时几十年的研究，他们对具有较高智力的学生进行长期的跟踪调查，发现有着相似的智力、相似成绩的学生，几十年后的成就相差很大，究其原因，不是智力的差异，而是人格特征方面的不同。有成就的人大都坚定，努力，不怕困难，敢于怀疑，不迷信权威，自信力较强。正是这种自信、自励，使他们勇于实践，敢于坚持，最后取得成功。

人生中我们不可能时时刻刻都能得到别人的激励。因此，自我激励就成了获得成功的法宝。懂得自我激励的人，在成功的道路上是不会被艰苦的磨难吓住的。自我激励可以调整情绪落差，有效的抵抗挫折。激励自我可以使我们跨过自暴自弃的“心理峡谷”，做命运的主人。自我激励可以使我们熬过艰苦的磨难，并将磨难转变成财富。

贝多芬是西方古典音乐中的恺撒。可有谁知道贝多芬25岁时患耳疾，45岁时失聪。贝多芬的音乐给后人带来了无尽的享受，可他却不能在生前享受到自己创作的作品。

1770年12月6日，贝多芬诞生在波恩市的一个音乐世家。他4岁时就会弹奏羽管键琴，8岁起就登台演出，并获得了音乐神童的美誉。10岁时，他拜师于普鲁士最著名的音乐教育家聂费。12岁时经聂费的推荐，到瓦尔特斯坦伯爵的宫廷乐队充任管风琴师助手，这是贝多芬“音乐仆役”生涯的开始。

17岁时，贝多芬去拜访音乐大师莫扎特，受到热情接待。莫扎特在听完贝多芬弹了几首钢琴曲子后兴奋地说：“各位，请注意这位年轻人，不久的将来他就会博得世人的称赞！”莫扎特还答应给贝多芬上课。可惜此后两个月，贝多芬母亲突然去世。贝多芬父亲意志消沉，终日酗酒。贝多芬不得不挑起了养家糊口的重担，再次回到原来的歌剧院当钢琴师。

19岁那年，法国大革命爆发，贝多芬满怀激情地写了《谁是自由人》的合唱曲来表达他对自由与民主的渴望。后来贝多芬通过人介绍，认识了李希诺夫斯基公爵。他很欣赏贝多芬的才华，收他为音乐仆役。贝多芬也很快以自己的即兴钢琴演奏迷住了维也纳人。其音乐旋律时而如细水潺流，时而如惊涛骇浪，时而如鸟语鸡鸣，时而如暴风骤雨。有人曾评论贝多芬的即兴曲“充满了生命和美妙”。

30岁时，贝多芬爱上了一个伯爵小姐，朱丽叶·琪查尔迪，但她父亲嫌贝多芬出身低贱，硬是把女儿许配给一个伯爵。这给了贝多芬极大的精神刺激，据说他的名曲《致爱丽丝》就是在这段时间内创作的。

失恋固然令他伤心，但更令他伤心的是他的耳朵开始发聋。他在给朋友的一封信中写道：“我过着一种悲惨的生活……要是干别的职业，也许还可以；但在我的行当里，这是最可怕的遭遇！”贝多芬曾竭力治疗，却无济于事，他搬到维也纳乡下去疗养了两年。结果病情不但没有好转，反而更加恶化了，就连窗口对面的教堂钟声都听不到了。

绝望中，贝多芬多次想到了死。但他不甘心就这样离开人世，他坚信只有音乐才能拯救他。他在给朋友的一封信中写道：“我要扼住命运的咽喉，不容它毁掉我！”贝多芬立志要在余生中从事音乐创作。从此，维也纳的宫廷乐会少了一位出色的钢琴弹奏家，但世界乐坛却诞生了一位不朽的作曲家。

贝多芬从32岁起开始音乐创作，在近两年的彷徨与探索后，他终于创作出第一部具有自己鲜明特点的作品——《第三交响曲》，其最突出的特点是音调跌宕起伏，时而沉静凝思，时而愤慨咆哮，令人情绪激愤。贝多芬创作《英雄交响曲》，本来是想献给拿破仑的，但他听到拿破仑在巴黎圣母院加冕称帝的消息后怒不可遏，愤而涂去原来的献词，而是把它改成：《英雄交响曲》——为纪念一位伟大的人物而作。

1809年10月，法军占领维也纳，趋炎附势的奥地利贵族们争着向占领者们献媚，其中也包括李希诺夫斯基公爵，他强迫贝多芬为法军军官弹奏钢琴，这使贝多芬忍无可忍，他操起一只凳子向公爵扔去，并在当晚离开了伯爵家。行前留下一张纸条，上书：“公爵，您所以成为一个公爵，只是由于偶然的出身所造成；而我之所以成为贝多芬，却是由于我自己。公爵现在有的是，将来也有的是；而贝多芬却只有一个!”

另一次，当贝多芬与歌德一同散步时，迎面撞见了皇后、太子和一群贵族们。面对他们，歌德立刻让路，而贝多芬则坦然地说：“让路的应是他们，而不是我们!”但歌德还是摘下礼帽，躬身立在路旁，而贝多芬则背着双手，阔步向前。结果太子认出是贝多芬，连忙脱下礼帽向他致意，其侍从们也毕恭毕敬地分列两边，目送贝多芬挺胸而过。那次贝多芬真正感到了做人的尊严。

贝多芬54岁时，创造出《第九交响曲》。他前后用了6年时间来创作、修改这部曲子。1824年5月7日，《第九交响曲》首次在维也纳卡德剧院演奏。贝多芬亲自指挥演奏，他既不看眼前的乐谱，也听不见丝毫的琴声。他全凭自己的记忆来指挥这场演奏。结果听众们兴奋若狂，不时爆发出热烈的喝彩声，鼓掌次数多达5次！而皇族成员出场也不过鼓掌3次。

从心理学上讲，贝多芬之所以会在极度困苦的状况下，一再创作出誉满天下的音乐篇章，这与他的自励人格有着极大关系。一个失聪之人，却能写出人类最动听、最振奋的音乐篇章，这是贝多芬自励人格的不朽传奇!

人际关系与沟通是幸福的基石

一位哲人说过，人生的美好是人情的美好，人生的丰富是人际关系的丰富。人一生的成长、发展、成功、幸福，是与他人的沟通和交往息息相关的；人一生的愉快、烦恼、快乐、悲伤、爱与恨，也同样是与别人的沟通和交往分不开的。这足以看出人际关系在人一生中的重要性。

历年来，成功心理学家以及行为科学家们一直孜孜不倦地探求个人成功的因素。这期间出现过许许多多的学派，但在所有的学派中，有一种因素被普遍认为是个人成功不可缺少的因素，那就是人际关系能力。

从古到今，从中到外，任何事业的成功都离不开人，离不开上下同心，左右协助。

哈佛大学就业指导小组调查的结果也证实：数千名被解雇的男女中，人际关系不好的比不称职的高出两倍。而良好的人际关系意味着良好的人际沟通效率。

做人绝不是个小问题，而是关系到一个人能否成就一番事业的重要课题，是否善于人际交往和做人，直接决定着一个人在职场上的发展高度甚至一生的成败。人做好了，事半功倍；人没做好，事倍功半。

凡是过不了做人这一关的，不论其地位是高是低、身份是重是轻，其在人生胜局方面必然大打折扣。

因此，可以毫不夸张地说，人际关系与沟通对于人生的成功，就如同鱼需要水一样重要。

沟通是人类集体活动的基础，是人类存在的前提。可以说没有沟通和群体活动，人类早就灭绝了！正是沟通才形成了原始人群和部落，不断进化形成了人类社会。

沟通是现代管理的命脉。没有沟通或者说沟通不畅，管理效率就会损失甚至断送！

沟通是人际情感的基石。良好的沟通才可以造就健康的人际关系！沟通是人们生存、生产、发展和进步的基本手段和途径。人与人之间最宝贵的是真诚、信任和尊重，而这一切的桥梁就是沟通。

有一个小故事。孔子和众弟子周游列国，曾行至某小国，当时遍地饥荒，有银子也买不到任何食物。过不多日，又到了邻国，众人饿得头昏眼花之际，有市集可以买到食物。弟子颜回让众人休息，自告奋勇地忍饥做饭。当大锅饭将熟之际，饭香飘出，这时饿了多日的孔子，虽贵为圣人，也受不了饭香的诱惑，缓步走向厨房，想先弄碗饭来充饥。不料孔子走到厨房门口时，只见颜回掀起锅的盖子，看了一会，便伸手抓起一团饭来，匆匆塞入口中。孔子见到此景，又惊又怒，一向最疼爱的弟子，竟做出这等行径。读圣贤书，所学何事？学到的是——偷吃饭？肚子因为生气也就饱了一半，孔子懊恼地回到大堂，沉着脸生闷气。没多久，颜回双手捧着一碗香腾腾的白饭来孝敬恩师。

孔子气犹未消，正色道：“天地容你我存活其间，这饭不应先敬我，而要先拜谢天地才是。”颜回说：“不，这些饭无法敬天地，我已经吃过了。”这下孔子可逮到了机会，板着脸道：“你为何未敬天地及恩师，便自行偷吃饭？”颜回笑了笑：“是这样子的，我刚才掀开锅盖，想看饭煮熟了没有，正巧顶上大梁有老鼠窜过，落下一片不知是尘土还是老鼠屎的东西，正掉在锅里，我怕坏了整锅饭，赶忙一把抓起，又舍不得那团饭粒，就顺手塞进嘴里……”

至此孔子方大悟，原来不只心想之境未必正确，有时竟连亲眼所见之事，都有可能造成误解。于是欣然接过颜回的大碗，开始吃饭。

以上这例小故事，让我们看出沟通的重要性。

在生活中，家人之间的沟通，爱人之间的沟通，都可以增进情感，体现出亲人之间的关爱和关心。

而工作中的沟通，尤为重要的是部门和部门、上级和下级、同事之间的互通信息。上级关心员工，善于听取员工的意见和建议，充分发挥其聪明才智与积极性，可以提高员工的工作效率和成绩。部门和部门之间的互通，可以迅速传递各种信息，增进配合，提高默契配合。同事之间的沟通，可以增进信息的共享，吸取不同的经验和教训。

同样，家长与孩子之间良好的人际关系与沟通，也是保证家庭亲子教育顺利实施的关键所在。优势型家长对孩子的教育，几乎都是通过有效沟通达成的。

影响力是领导力的本质

影响力，一般认为指的是用一种为别人所乐于接受的方式，改变他人的思想和行为的能力。影响力又被解释为战略影响、印象管理、善于表现的能力、目标的说服力以及合作的影响力等。

构成影响力的基础有两大方面，一是权力性影响力，二是非权力性影响力。

权力性影响力又称为强制性影响力，它主要源于法律、职位、习惯和武力，等等。权力性影响力对人的影响带有强迫性、不可抗拒性，它是通过外推力的方式发挥其作用。在这种方式作用下，权力性影响力对人的心理和行为的激励是有限的。构成权力性影响力的因素主要有：法律、职位、习惯、暴力。

与权力性影响力相反的另一种影响力是非权力性影响力，非权力性影响力也称非强制性影响力，它主要来源于领导者个人的人格魅力，来源于领导者与被领导者之间的相互感召和相互信赖。构成非权力性影响力的因素主要有：品格因素、才能因素、知识因素、情感因素。

一个乡下的农民阿土，从来没有出过远门。攒了半辈子的钱，终于参加一个旅游团出了国。国外的一切都是非常新鲜的，关键是，阿土参加的是豪华团，一个人住一个标准间，这让他新奇不已。

早晨，服务生来敲门送早餐时大声说道："Good morning，Sir!"

他愣住了。这是什么意思呢？在自己的家乡，一般陌生的人见面都会问："您贵姓?"

于是他大声叫道："我叫阿土!"

如是这般，连着三天，都是那个服务生来敲门，每天都大声说："Good morning，Sir!"

而阿土亦大声回道："我叫阿土!"但他非常生气。这个服务生也太笨了，天天问自己叫什么，告诉他又记不住，很烦的。终于他忍不住去问导游，"Good morning，Sir!"是什么意思，导游告诉了他，天啊！真是丢脸死了。于是阿土反复练习"Good morning，Sir!"

这个词，以便能体面地应对服务生。

又一天早晨，服务生照常来敲门，门一开阿土就大声叫道："Good morning，Sir!"

与此同时，服务生叫的是："我是阿土!"

看完这个幽默故事之后，您应该能发现这其中蕴含着一个值得深思的课题——人与人的交往，常常是意志力与意志力的较量！不是你影响他，就是他影响你。**而我们家长希望孩子将来成功和幸福，就一定要培养孩子的影响力，只有影响力强大的孩子将来才有可能成为最强者。**

总之，一个孩子将来长大后在社会上生存，除了学习成绩要好，自信、自制、自我激励等都非常重要。当然，好的人际关系与沟通同样不可或缺。还有，优势型家长要有意识地训练孩子的影响力，这也是孩子将来成就一番事业的关键素质。

情商法则对家长的提醒和建议

第一，家长要充分认识到，虽然目前学校仍然是围绕着高考为主的“分数教育”，但到了真实的社会中，还是“情商”起的作用更大，这是真正决定孩子成功与否的关键素质。因此，在现实的教育中，家长对分数教育和情商教育，两手都要抓，两手都要硬。

第二，要想让孩子自信、人际关系好、抗挫折能力强，父母的“优势教育”非常关键。只有多给孩子增加正能量，多给孩子鼓励和赏识，孩子幼小的心灵里“我能行、我最棒”的种子才能逐渐生根发芽，孩子此后才会以自信乐观的态度面对漫长的人生。

第三，多带孩子接触不同的人和事，俗话说：“读万卷书不如行万里路，行万里路不如阅人无数，阅人无数不如名师点拨开悟。”在孩子学习能力强的关键时期，多带孩子旅旅游，接触一下不同的风土人情，多让孩子参加不同的聚会，都会对孩子情商和眼界的提升很有好处。

第八法则：逆商法则

现代家庭的孩子，智商没有问题，情商也不错，但由于大的社会环境的限制，很少犯错，很少经历挫折，一旦经历大的错误或挫折，很难反弹起来。其实，错误和挫折也是人生的一种宝贵营养，没有经历过风雨的孩子很难见到彩虹。优势型家长要有意识地让孩子经历错误和挫折，让孩子明白“人生不如意事十之八九”，要想让孩子成功，经历的错误和挫折比常人也要更多。

挫折是每个孩子在人生之中的必经之路。父母不能一辈子替孩子挡风遮雨，必须让孩子自己去迎接“错误”和“挫折”的挑战。这样，孩子将来才会有强大的生存能力，才能开创属于他自己的壮美人生篇章。

对孩子进行正确的挫折教育，是父母真正有智慧的爱！

试错是人生成长所必需的

在真实的人生中，试错扮演着一个非常重要的角色。

婴儿呱呱坠地，啼哭着来到人间。

他每一步的成长，都在全身心地接触着世界，在正确和错误的交替进行中慢慢长大，这之中，试错就是理解自己与世界关系的有效工具。

当一个小孩子用手触碰到暖水瓶后，知道这个是“热”的，从此以后，就不会再轻易碰暖水瓶了。当孩子努力一跃跳到床上后，露出了开心的笑脸，这个“努力和试错”，让小孩子知道，原来自己有这个能力，从此以后，自信心得到加强，游刃有余地从床上跳上跳下。

当我们逐渐长大，变成青少年时，接触的事物虽然与婴儿有所不同，但原理一致：当青少年从河的一边能跳到对岸时，他懂得了，自己有这个实力。当落入水中时，也明白了，原来自己高估了自己的能力，这一切，还是“试错”的原理。

当我们长大成人，自己想创造一番事业时，经历了千辛万苦，如果成功了，自己会非常开心，这一切的努力没有白费；如果没有成功，会非常沮丧，甚至对自己产生怀疑。这一切的背后，都是“试错”的原理。

可见，一个人要想知道梨子的味道，就要亲自去咬一口；一个人要想知道醋的味道，也需要亲自去喝一口。所以，试错不是人生中可有可无的点缀，而是人生成长必需的营养和原料。只有勇于试错，才能真切地感受到最真实的世界。

可惜的是，很多家长一味的溺爱孩子，一味的庇护孩子，还美其名曰“挤出时间让孩子多学习”，剥夺了孩子试错的机会，让孩子失去了成长的营养。

在西方社会，人人普遍有“犯错与进步成正比”的观念。做错的人只要改进，就会得到一个经验、一个教训，而这种经验、教训越多的人，他的能力就越强，进步也就越快。所以西方社会的这种文化背景鼓励犯错，人们也勇于犯错，这种观念已根深蒂固。

西方人比较注重孩子动手能力的培养，鼓励孩子的独立探索精神。无论是家庭教育还是学校教育，成人都不会手把手的教孩子如何做，而是为孩子创造探索的机会和条件，让他们通过自己的实践活动获得解决问题的方法，鼓励孩子大胆质疑、大胆尝试，即便是做错了也很少责备孩子，让孩子在尝试错误中找到正确的方法。所以，西方孩子一般来说动手解决问题的能力较强，探究精神和创造精神也很强，同时也能够正视失败和挫折。

对比西方的教育观念，我们在教育孩子方面显得有些保守和落后。无论是在家庭教育还是在学校教育中，对孩子的保护和要求太多，而给孩子自己探索的机会却太少了。在家庭教育中，我们在孩子小的时候就不允许他们做错事。比如，当孩子刚刚自己尝试系衣扣、系鞋带的时候，他不能将衣服扣子一下子对齐，也不会一下子把鞋带系好，还没等孩子重新尝试的时候，我们的家长早就将孩子的衣服、鞋子拿过来，直接替他穿戴整齐。家长的理由是，孩子做不好还浪费时间，致使有些孩子到了上学的年龄，连最基本的生活自理能力都不具备。

所以，中国的家长应该改变自己的观念，适当地“撒手不管”，让孩子自己去尝试；只有大胆“试错”，才有机会“改错”，才能实现日后更完美的自己。

挫折和苦难是人生的宝贵营养

挫折教育是指让受教育者在受教育的过程中遭受挫折，从而激发受教育者的潜能，以达到让受教育者切实掌握知识的目的。在教育过程中，对受教育者进行挫折教育是非常有必要的。

许多到达光辉顶点的人往往不是最聪明的人，而是那些在生活中遭

受过挫折的人。这是因为，那些自认为自己聪明的人往往会选择走一些所谓的“捷径”，这些所谓的“捷径”往往会丧失一些非常有意义的锻炼机会；而那些生活在逆境中饱经风霜的人，才更能深刻理解什么叫成功。

现代社会是一个充满挑战的社会，在这样的社会中，不遭受挫折是不可能的。如果孩子在年少时没有遭受挫折的洗礼，没有形成正确对待挫折的思想，就像温室里的“花朵”，是不可能很好地适应社会、面对逆境与困难的。

纵观历史，古今中外，凡是有所建树的人，无一不是在挫折面前经受住了考验，从而铸造出不平凡的人生。生活本身就并非一帆风顺，每个人就是在不断地认识挫折、战胜挫折的过程中成长和发展的，只有深刻地认识到这一点，才能够勇敢地面对挫折、应对挫折、战胜挫折。如果不能正确地看待挫折，就会在挫折面前止步不前，怨天尤人，结果终将一事无成。

挫折是人生的一部分，如果父母希望孩子在未来坚定地追求理想，不会轻易被迎面而来的问题和失败打倒，就要让孩子早点懂得挫折是人生的常态。这样，当挫折来临时，孩子才会从容面对，而不是无奈逃避。对孩子进行挫折教育，可以让孩子学会独立面对困难，激发孩子主动考虑解决问题的方法和克服困难的对策。

巴雷尼小时候因病成了残疾，母亲强忍住内心的悲痛，对他进行鼓励和帮助。她拉着巴雷尼的手说：“孩子，妈妈相信你是个有志气的人，希望你能用自己的双腿，在人生的道路上勇敢地走下去！好巴雷尼，你能够答应妈妈吗？”母亲的话，像铁锤一样撞击着巴雷尼的心扉。从那以后，母亲只要一有空，就给巴雷尼练习走路，做体操，母子两个常常累得满头大汗。体育锻炼弥补了残疾给巴雷尼带来的不便，他在母亲的影响下，终于经受住了命运给他的残酷打击。通过刻苦学习，巴雷尼以优异的成绩考进了维也纳大学医学院，大学毕业后，他以全部精力致力于耳科神经学的研究。最后，他终于登上了诺贝尔生理学和医学奖的领奖台。

高尔基之所以能够成为世界著名的文坛巨匠，与他童年遭受的挫折也是分不开的。居里夫人之所以能成为世界上唯一两次获得诺贝尔奖的女性，也与她从小历经磨难、艰苦打下的知识基础和顽强的意志品格紧密相连。有人曾对诺贝尔文学奖的得主进行调查，结果发现，他们中间有50%以上的人都有过坎坷不幸的童年。**爱迪生曾说："伟大人物最明显的标志，就是他坚强的意志，不管环境变换到何种地步，他的初衷与希望仍不会有丝毫的改变，而终于克服障碍，以达到期望的目的。"**

由此可见，人生正是因为经历了无数的挫折，才变得缤纷多彩，丰富充实。挫折从不以人的意志为转移，不管你喜欢不喜欢，乐意不乐意，挫折都会不期而至。让孩子明白挫折是生活的一部分，是一种常态，学会正确地看待挫折，孩子才能更快地成长、成熟，将来才会更好地把握自己的人生。

所以，家长从小就要对孩子进行挫折教育，引导孩子树立正确的人生目标。一旦孩子树立了远大的目标，就不会轻易屈服于各种挫折。挫折发生时，鼓励孩子冷静分析，沉着应对，找到解决挫折的有效办法。平常和孩子一起探索战胜挫折、克服消极心理的有效方法，帮助孩子进行自我排解，自我疏导，从而将消极情绪转化为积极情绪，增强战胜挫折的勇气。

林妈妈家中有个一岁的女儿，小家伙正在学走路，一天摔几跤是常事。一般家长的做法就是亦步亦趋地跟在身后，生怕她摔着了。林妈妈的看法是，要提高孩子的耐挫力，父母不应撑起“保护伞”，应有把孩子置于艰苦和困难中的勇气，敢于让其参与到各种活动中，这样才能让孩子知道，人生中挫折不可避免，并在体验中学会克服困难、战胜挫折，所以她总是放手让女儿自己学走路。当孩子不小心摔跤时，通常家长会抢上前迅速扶起，然后指着地板骂：“这个地面真不好，害宝宝摔一跤。”而林妈妈认为，那样只会使孩子把跌跤归咎于外因，以后一遇到挫折就喜欢把责任推给别人，却不肯从自身找原因。所以面对哇哇大哭的女儿，她从来不伸手去扶，总是很认真地说：“这要怪宝宝自己，是你走路不小心才会摔跤哦。”同时微笑着鼓励说：“不过摔倒了不要紧，以后注意就行了。现在勇敢点，自己爬起来！”这样几次之后，女儿摔倒了不但不哭，而且很快爬起来。明确地让孩子认清事实，要求孩子勇于承担后果，这也是挫折教育的一部分。

再看一个著名演员姜文教育孩子的案例。相信对溺爱孩子、怕孩子吃苦的家长也会有所启发！

姜文的两个儿子一个六岁一个四岁，对这两个孩子，姜文非常不满意。因为父亲是军人，姜文在部队大院长大，他觉得这种成长经历对于他刚毅的性格形成非常有好处。可看看自己的儿子，在家被长辈宠溺，还有专职保姆伺候，衣来伸手饭来张口，个子见长坏脾气也见长，在家摔跟头后的第一反应不是自个儿爬起来拍拍灰，而是扯开嗓门号啕，非得等人把他们扶起来用手拼命打地报仇后才破涕为笑。

两个小子在家如龙似虎，一旦出了门马上变成怯生生的小白兔，大气不敢喘。这样下去怎么得了？姜文决定给自己放个长假，好好地对两个儿子展开军事化的吃苦主义教育。

在北京是不行的，爷爷奶奶隔三岔五就要过来看孙子，要是看见孙子吃苦受罪，自己耳根一定不得清净。必须得去外地，越远越好。而且最好撇下老婆周韵，因为她虽然彪悍，但护儿子也护得厉害。姜文计划的人数只有三个——他和两个儿子。

目的地最终确定下来。姜文看中了新疆阿克苏。

姜文联系了几个新疆好友，让他们帮忙找房子，要求很明确：市中心的精装豪宅一律不考虑，要城郊的普通民居，不漏风不漏雨，能做饭能洗澡能睡觉即可。

去的时候一行四人，姜文开一辆越野车，装满了他觉得会派上用场的东西和生活用品，跟周韵轮流驾驶，耗时三天。

到了阿克苏的新家，周韵急了，这房子太简陋了——无论是庭院还是屋内，都是土坯地面，墙壁光秃秃地裸露着，老旧的木头家具，仅有的电器是一个太阳能热水器和一台电视机。

姜文没有给周韵去市区买新家具的机会，第二天就把她送上了从阿克苏飞往乌鲁木齐的飞机，让她自己转机回北京。有慈母在场，严父就不容易登台。而今只剩下一父两子，任何事情都是姜文说了算！

第三天，两个孩子的苦日子正式开始……

早上6点半，他们就被姜文从热乎乎的被窝里拖了出来，三两下套上防寒运动衣，半梦半醒地被呵斥着开始了锻炼。虽然号称“塞上江南”，但阿克苏的昼夜温差很大，两个儿子出门就打哆嗦，本能地想往暖和的房间里钻。

但姜文不给他们机会，一手拉一个，几步就拖出了庭院，告诉他们：“跟着我跑，跑不动了走也行，转完这一圈才能回家。”这一圈大概一千米，两兄弟只跑了不到两百米，剩下的八百米都是喘着气走下来的。

好不容易回了家，姜文端起在炉子上温着的羊奶给他们一人倒了一碗。到阿克苏的第一天，姜文就给他们喝过羊奶，两个儿子只喝了一口就吐了，说受不了那古怪的味道。这才隔了两天，羊奶一到手便仰着脖子喝了个底朝天。

姜文对两个儿子的饮食结构也做了很大调整，精心烹饪的儿童餐没了，取而代之的是当地民族餐食：菜品以手抓羊肉和大块牛肉为主，主食不是糙米饭就是馕，配餐的青菜既非白灼也非上汤，无公害的蔬菜洗干净后直接生吃，佐餐的饮料是新鲜牛奶。除了正餐外，不提供巧克力饼干果冻之类的零食，但新鲜水果24小时敞开供应。

家里没请钟点工或保姆，两个儿子在姜文的指挥下担任起了保洁员。收拾床铺也包干到人。

姜文很少让儿子无所事事地待在屋里，只要天气不恶劣，他经常带他们出去转悠。不开车，就这么信步乱逛，不走到两个儿子气喘吁吁大汗淋漓不停下。号称转悠，更像是拉练。小孩子的潜力是无穷的，从最初的走不上几百米就叫苦叫累，到一个月后，两个儿子一左一右牵着姜文的手，一口气走上三千米，粗气都不喘。

每天坚持锻炼，加上原生态的饮食结构，两个儿子的身体就这样一天天结实起来。

周韵前来探望时，眼泪都快下来了。两个儿子都晒成了巧克力色，皮肤粗糙了，脸蛋上还多了两坨高原红。可是，目睹了他们超越同龄人的自理能力，周韵没话说了——天要下雨爹要教子，由姜文去吧。

自从姜文去了新疆后，朋友打他的手机，传来的永远是“您拨打的用户不在服务区”的语音提示。得知他在新疆闭门教子，有好奇的朋友想来凑热闹。姜文统统婉拒，说目前还不到时候，等他觉得时机成熟了，会安排一次活动，邀请大家一起参加。

姜文这么说真不是客气话，在新疆待了大半年后，两个孩子从“豆芽菜”变成了“红豆杉”，姜文打电话邀请了十几位亲友，亲友团在阿克苏租了六辆越野车，在两个专业向导的指引下，来了一场浩浩荡荡的阿尔金山无人区穿越之旅。

亲友们大赞不虚此行，最让大家惊叹的是，当一群成年人都因为高原反应气喘吁吁、头疼如裂、食不下咽、连续失眠时，姜文的两个儿子却精力充沛，拎着小弓箭追着野兔射，过滤后依然透出一股怪味的山泉水端起来眉头都不皱地一饮而尽……这哪里像是家境优越的明星孩子，完全就是两个扔在哪里都能放心，交给谁照顾都不用担心的“野孩子”。

起先还对姜文带着孩子奔赴新疆颇有微词的亲友们全都没话说了——加起来才10岁的两个小孩，比这帮大人还坚强，事实胜于雄辩，这怪招的确管用。

但姜文说这才是第一步，他的计划是每年抽一段时间带着孩子去那些最偏僻、最艰苦的地方折腾。他说，如今的小孩，最缺乏的食物不是营养品，而是苦头。多吃苦是有百利而无一害的，既锻炼了身体，又增强了能力。少时吃苦不算苦，算财富！

总之，试错和挫折是孩子成长路上的宝贵营养，家长不但不应该排斥，而且还应该抱着一种欢迎的态度来对待，甚至要让孩子“自讨苦吃”！这样培养出来的孩子，才能经得起人生道路上的风风雨雨。当然，试错和挫折应该控制在孩子能够承受的范围之内，要掌握一个度。

逆商法则对家长的提醒和建议

第一，家长要认识到，智商和情商都很重要，但逆商更重要！逆商是区分优秀和卓越的重要分水岭，家长要想孩子将来有出息，逆商训练必不可少。

第二，不要害怕孩子出错。试错是人类探索世界的重要方法，没有试错，就没有人类的一切伟大发明。本质上，创业是试错的过程，一个国家改革也是试错的过程。孩子成长，无论学习走路、吃饭、穿衣，都是试错的过程，试错造就了孩子的成长。

第三，不要害怕孩子经受挫折。中国思想家孟子曾经说过："故天将降大任于斯人也，必先苦其心志，劳其筋骨，饿其体肤，空乏其身，行拂乱其所为，所以动心忍性，曾益其所不能。"挫折是孩子成长过程中必须经历的阶段，也是人生的正常状态。没有挫折，就没有深刻的心理体验，就没有成长和进步。

第四，现代家庭，孩子的物质环境往往太好，很难经历到挫折，更难经受挫折，因此，家长要有意识地创造一些环境，让孩子体会到生活的艰辛、人生的不易。我们很欣赏案例中姜文的做法，在合适的时机，把孩子带到原生态的地方，多与大自然接触，接受大自然风雨的洗礼！这样才能让孩子不但拥有健康的体魄，更拥有一个健康、强大的心灵。

第九法则：德商法则

一个孩子有了较高的智商、情商、逆商，要想成功与幸福，德商也不可或缺；社会上流传着这样的一句话："小胜凭智，大胜靠德。"凡是在社会上取得大成就的人，大多更重视自身人品和道德的修炼，这是为人处事的更高境界。德商主要包括以下内容：爱心、责任心、上进心、感恩心、同理心、公德心等。优势型家长培养孩子，要高度重视孩子的德商训练，这是高素质父母爱的体现。

中国有个说法："世上无难事，只怕有心人。"

一个人要想在这个社会中有所作为，关键是要做一个"有心"之人。

一个人只要有"心"，就能懂得人间疾苦，懂得关爱别人，懂得承担，懂得付出，懂得感恩，懂得同情，就能有血有肉，活出自己的精彩人生！而家庭则是"心"的培育基地。孩子会模仿父母的一言一行，一举一动；所以，要想孩子有"心"，父母必须先做一个"有心之人"，将自己的"心"传递下去。

教育孩子好好做人，是家庭教育中最重要、最根本的任务。世界十大首富之一，香港的李嘉诚先生教育出了两个优秀的孩子，他说："在儿子小的时候，99%的教育是教给他们做人的道理，即使他们现在长大了，三分之二的教育也应该是教他如何做人，三分之一的教育是教他们如何做生意。因为，做人是根本，德行是根本，好好做人是第一要务。”

优势型家长要学着做个好的“播种者”，在孩子的心田里播下正确价值观的“种子”，并让它“生根发芽”，指引孩子走向与人为善、与己为善的道路。

爱心的力量无穷大

爱心的力量有时远远大于财富和物质。

爱心，是人性光辉中最美丽、最温暖的一缕。没有爱心，人类就不可能有进步，社会就不可能有发展。

因为有爱，这个世界才会变得温暖，才会让漫长的人生中充满亮丽的色彩。

一个孩子有没有爱心，是能否成就一番大业的重要标志，很难想象一个自私、狭隘、没有爱心的孩子能够得到他人的认可，继而取得事业的成功。

一天，一个贫困的小男孩儿为了攒够自己的学费挨家挨户地推销产品，劳累了一整天的他感到十分饥饿，但摸遍全身只有一分钱，怎么办呢？他决定向一户人家讨口饭吃，当一位年轻女子打开房门的时候，这个小男孩儿有点儿不知所措了。他没有要饭，只乞求给他一口水喝。这女子看他很饥饿的样子，就拿了一大杯牛奶给他，男孩慢慢喝完了牛奶，问道：“我应该付多少钱？”年轻女子回答道：“一分钱也不用付，妈妈教导我们，施以爱心，不图回报。”男孩说：“那么，就接受我由衷的感谢吧！”说完男孩离开了这户人家。

此时，他不仅感到浑身是劲儿，而且还看到上帝正朝着他微笑，那男子汉的豪气像山洪一样迸发出来。其实，男孩本来是打算辍学的。

数年之后，当年那个年轻女子得了一种罕见的重病，当地的医生束手无策。最后，她被转到大城市医治，由专家会诊治疗。当年的那个小男孩儿，已是大名鼎鼎的霍华德·凯利医生了，他也参与了医疗方案的制定。当看到病人履历上所写病人的来历时，决心竭尽全力回报这位“施以爱心，不图回报”的姑娘。

他马上起身直奔病房，来到病房，凯利医生一眼就认出床上的病人就是曾经帮助过他的恩人。他回到办公室，决心竭尽所能来治好恩人的病。从那天起，他就特别关照着这个病人，手术成功了。凯利医生要求把医疗费通知单送到他那里，在通知单的旁边，他签了字。但医疗通知单送到这位特殊病人的手中时，她不敢看，因为她确信，医疗费将花去她的全部家产。最后，她还是鼓起勇气，翻开了医疗费通知单，旁边的那行小字引起了她的注意，她不禁轻声读出来：“医疗费—— 一杯牛奶，霍华德·凯利医生。”

乐于奉献，懂得感恩，生命的意义就在于此吧。

女孩的爱心点燃了霍华德·凯利的心灵，而数年之后，霍华德·凯利用自己的行动回报了女孩，让世界变得温暖而光明！

而一个孩子如果有爱心，就能包容别人，甚至赋予引领他人的历史使命。

1945年10月，一个男孩出生于巴西伯南布哥州的农民家庭。4岁起，他就得到街上贩卖花生，但仍衣不蔽体，食不果腹。上小学后，他常和两个小伙伴在课余时间到街上擦鞋，如果没有顾客就得挨饿。

12岁那年的一个傍晚，一家洗染铺的老板来擦鞋，三个小男孩都围了过去。老板看着他们渴求的目光，很是为难。最后，他拿出两枚硬币说："谁家里比较穷，我的鞋子就让他擦，并且支付他两元钱。"那时擦一双皮鞋顶多20分钱，三双眼睛发出异样的光芒。

"我从早上到现在都没吃东西，如果再没钱买吃的，我可能会饿死。"一个小伙伴说。

"我家里已经断粮三天，妈妈又生病了，我得给家人买吃的回去，不然，晚上又得挨打……"另一个小伙伴说。

男孩看了看老板手里的两元钱，顿了一会儿，说："如果这两元钱真的让我挣，我会分给他们一人一元钱！"男孩的回答让洗染铺老板和两个小伙伴大感意外。

男孩说："他们是我最好的朋友，已经饿了一天，而我至少中午还吃了点花生，有力气擦鞋。您让我擦吧，我一定让您满意。"擦好鞋后，老板将两元钱付给了男孩。男孩并不食言，直接将钱分给了两个小伙伴。

几天后，老板找到男孩，让男孩每天放学后到他的洗染铺当学徒工，还管晚饭。虽然学徒工工资很低，但比擦鞋强多了。男孩知道，是因为自己向比自己窘困的人伸出援手，才有了改变命运的机会。

从此，他总是尽力帮助那些生活比自己困难的人。后来，他辍学进厂当工人，21岁加入工会，45岁创立劳工党。2002年，他提出"让这个国家所有的人一日三餐有饭吃"，赢得了选民的支持，当选总统。

2006年，他再次当选总统，任期4年。8年来，他践行"达则兼济天下"的承诺，使这个国家93%的儿童和83%的成年人一日三餐都得到了食物。他带领的巴西也从"草食恐龙"变成了"美洲雄狮"……

他，就是2010年底任期届满而卸任的巴西前总统卢拉。

除了卢拉，世界上还有许多极富爱心的领导人。父母如果希望自己的孩子有朝一日能承担起更大的责任，就要培养他们的爱心，让他们拥有更宽广的胸怀和责任感。

那么，父母怎样才能培养孩子的爱心呢？我们认为：

第一，父母以身作则，言传身教，对长辈孝敬，对晚辈关心，对需要帮助的人有爱心，孩子就会效仿。

第二，父母带孩子去参加一些“爱心”公益活动，对形成孩子的爱心也很有帮助。

第三，多给孩子讲爱心故事，将爱的种子植入孩子心田。

总之，父母心存善念，力行善事，耳濡目染下的孩子也会成为一个浑身散发正能量的和善之人。

责任心是为人之本

责任心，就是对你分内的事情敢于承担责任，敢于担当。

到了社会上，我们知道，一个人的责任心是非常重要的。

一个有责任心的人，别人才敢于托付事情，才能信任。一个没有责任心的人，就没有底线，难以取得别人的信任。

在工作中，领导喜欢有责任心的员工；在家庭中，伴侣喜欢有责任心的另一半，特别是作为一个男人，有没有担当、有没有责任心是成熟与否的重要标志和象征。

1920 年的一天，美国一位 12 岁的小男孩正与他的小伙伴玩足球，一不小心，小男孩将足球踢到了邻近一户人家的窗户上，一块玻璃被击碎了。一位老人立即从屋里跑出来，勃然大怒，大声责问是谁干的，伙伴们纷纷逃跑了，小男孩却走到老人跟前，低着头向老人认错，并请求老人宽恕。然而老人却十分固执，小男孩委屈得哭了，最后老人同意小男孩回家拿钱赔偿。

回到家，闯了祸的小男孩怯生生地将事情的经过告诉了父亲。父亲并没有因为其年龄还小而开恩，却是板着脸沉思着一言不发。坐在一旁的母亲总是为儿子说情，开导父亲。过了不知多久，父亲才冷冰冰地说道："家里虽然有钱，但是他闯的祸，就应该由他自己对过失行为负责。"停了一下，父亲还是掏出了钱，严肃地对小男孩说："这15美元我暂时借给你赔人家，不过，你必须想法还给我。"小男孩从父亲手中接过钱，飞快地跑过去赔给了老人。从此，小男孩一边刻苦读书，一边用空闲时间打工挣钱还父亲。由于人小，不能干重活，他就到餐馆帮别人洗盘子刷碗，有时还捡捡破烂。经过几个月的努力，他终于挣到了15美元，并自豪地交给了他的父亲。父亲欣然拍着他的肩膀说："一个能为自己过失行为负责的人，将来一定是会有出息的。"

许多年以后，这位男孩成了美国总统，他就是里根，后来，里根在回忆往事时，深有感触地说：那一次闯祸之后，使我懂得了做人的责任。

里根明白了做人要有责任心后，对自己的行为负责。这对里根以后成为总统起到了很大的帮助作用。

而反观很多"包办型"的中国家长，把孩子的责任心都给"偷走"了。

近日，有媒体爆出一则新闻，一名浙江家长竟动用9名下属花了3天为12岁的女儿写寒假作业。尽管荒唐，动用下属为女儿做作业折射出的却是：一些家长潜意识里对孩子成长的替代与包办。

家长要想培养孩子的责任心，应该注意以下几点：

第一，只要是孩子自己能够做的，父母就不要帮助他们做。包括孩子的穿衣服、收拾玩具等。

第二，鼓励孩子多做家务。包括洗碗、打扫卫生等这样的简单体力劳动，对培养孩子的责任心都非常有好处。

第三，不管孩子做得好与坏，家长都应当承认孩子努力的成果。

第四，让孩子自己去承担“后果”。

上进心是成才之本

上进心是一种非常珍贵的品质。

上进心，即奋发向上、积极进取之心。上进心是人们要求进步、不甘落后的心理意愿，是人们勇于开拓、不断前进的内在动力，是人们坚持理想、追求作为的思想信念，是引领人们不断谋求发展的精神导向与动力源泉。

上进心是孩子重要的非智力因素。求知欲强和上进心强的孩子，都会积极主动地学习，而缺乏上进心的孩子，家长在后面怎么催也无济于事。

两个和尚分别住在相邻两座山上的庙里，这两座山之间有一条河，两个和尚每天都会在同一时间下山去挑水，久而久之便成了朋友。

不知不觉五年过去了，突然有一天左边这座山的和尚没有下山挑水，右边那座山的和尚心想：他大概睡过头了，就没太在意。哪知第二天，左边那座山的和尚还没有下山挑水。一个星期过去了，右边那座山的和尚心想：我的朋友可能生病了，我要过去看望他，看看能帮上什么忙。等他看到老友后，大吃一惊，因为他的老友正在庙前打太极拳，一点儿也不像一个星期没喝水的样子。他好奇地问：你已经一个星期没下山挑水了，难道你可以不用喝水吗？朋友带他走到庙的后院，指着一口井说：这五年来，我每天都会在做完功课后抽空挖这口井，即使有时很忙，能挖多少算多少。如今，终于让我挖出了水，我就不必再下山挑水了，可以有更多的时间练我喜欢的太极拳了。

和尚通过自己的积极上进，用五年的时间挖了一口井，这是上进心的经典案例。

那么，父母怎样培养孩子的上进心呢？我们认为：

第一，父母要经常给孩子设定一些力所能及的目标，在孩子达成目标后，给予积极的鼓励。

第二，整个家庭环境氛围应该是积极向上的，鼓励孩子能够主动出击，去实现自己的目标。

第三，要不断唤醒孩子内心深处的潜能，让孩子立下长远志向，为孩子点燃一盏明灯，指引孩子前进，也容易激发孩子的上进心。

感恩心·是美德的基础

感恩不仅是人类的基本特征，也是一切美德的源泉。

在这个世界上，有一样东西，能使我们的内心安定祥和，能让我们在顺境不狂妄，逆境不气馁，用积极的态度面对人生，这，就是感恩之心。

美国的罗斯福总统就常怀感恩之心。据说有一次家里失盗，被偷去了许多东西，一位朋友闻讯后，忙写信安慰他。罗斯福在回信中写道：

“亲爱的朋友，谢谢你来信安慰我，我现在很好，感谢上帝：因为第一，贼偷去的是我的东西，而没有伤害我的生命；第二，贼只偷去我部分东西，而不是全部；第三，最值得庆幸的是，做贼的是他，而不是我。”对任何一个人来说，失盗绝对是不幸的事，而罗斯福却找出了感恩的三条理由。

感恩之心，让罗斯福在失窃中找到了值得庆幸的理由，非常值得我们学习和借鉴。

感恩的例子还有很多。

一个天生失语的小女孩，从小和妈妈相依为命。在她们贫穷的家里，妈妈每天辛苦工作回来后给她带一块小小的年糕，是她最大的快乐。

有一天，下着很大的雨，已经过了晚饭时间了，妈妈却还没有回来。天，越来越黑，雨，越下越大，小女孩决定顺着妈妈每天回来的路自己去找妈妈。当她看见妈妈的时候，妈妈手里拿一块小小的年糕倒在路旁，已经永远地离开了她。

雨一直在下，小女孩也不知哭了多久。她知道妈妈再也不会醒来，现在就只剩下她自己。妈妈的眼睛为什么不闭上呢？她是因为不放心她吗？她突然明白了自己该怎样做。于是擦干眼泪，决定用自己的语言来告诉妈妈她一定会好好地活着，让妈妈放心地走……

小女孩就在雨中一遍一遍用手语做着这首《感恩的心》，泪水和雨水混在一起，从她小小的却写满坚强的脸上滑过……“感恩的心，感谢有你，伴我一生，让我有勇气做我自己。”她站在雨中不停歇地做着，一直到妈妈的眼睛终于闭上……

当看完这个故事，又反反复复地听着这首歌的时候，我们想到了天下有多少这样的父母，在默默地为儿女付出一切。而天下又有多少这样的儿女，能够感恩于亲人这样的一颗爱心！作为一个人，生活给予我们的不仅仅是来自于亲人的爱，而我们是否都怀有一颗感恩的心来面对？

从我们来到这个世界上的那一刻起，我们便拥有了太多：父母给了我们生命和健康，兄弟姐妹给了我们欢乐和亲情，老师给了我们知识和关爱，朋友给了我们友谊和信任……

这一切，都需要我们用一颗感恩的心去微笑面对。学会了感恩，我们便拥有了快乐，拥有了幸福，也拥有了力量。我们才不会在生活中轻言放弃，勇往直前！

总之，家长要培养孩子的感恩之心，要注意做到如下几点：

第一，经常说“请、谢谢”，一句简单的话，就会在孩子心田里播撒下感恩的种子。

第二，物质上父母不要过度满足孩子。

第三，要利用节日培养孩子的感恩之心。

第四，让孩子学习为别人付出。

同理心·是利他主义的起点

在人际的相处和沟通里，同理心扮演着相当重要的角色。同理心的意思，就是指能设身处地地理解他人的情绪，站在对方的角度感同身受地理解及体会身边人的处境，并可恰当地回应其需要。可见，同理心是同情、关怀与利他主义的基础，具有同理心的人，能从细微处体察到他人的需求。

有一个精神病人，以为自己是一只蘑菇，于是他每天都撑着一把伞蹲在房间的墙角里，不吃也不喝，像一只真正的蘑菇一样。

心理医生想了一个办法。有一天，心理医生也撑了一把伞，蹲坐在了病人的旁边。病人很奇怪地问：你是谁呀？医生回答：我也是一只蘑菇呀。病人点点头，继续做他的蘑菇。

过了一会儿，医生站了起来，在房间里走来走去，病人就问他：你不是蘑菇么，怎么可以走来走去？医生回答说：蘑菇当然也可以走来走去啦！病人觉得有道理，就也站起来走走。

又过了一会儿，医生拿出一个汉堡包开始吃，病人又问：咦，你不是蘑菇么，怎么可以吃东西？医生理直气壮地回答：蘑菇当然也可以吃东西呀！病人觉得很对，于是也开始吃东西。

这个小故事告诉我们，家长要培养孩子的同理心，要注意做到如下几点：

第一，假想自己就是对方，站在对方的角度上思考问题。

第二，要理解到每个人都不容易，每个人做出决定的背后都有其主客观原因。

第三，要懂得宽容与理解是人与人相处的润滑剂，越宽容，越容易产生同理心。

公德心·是文明之源

公德，是一个国家、一个民族或者一个群体在历史长河中，在社会实践活动中积淀下来的公共道德准则、文化观念和思想传统。

社会公德作为一种无形的力量，约束着人们的行为。只有遵守社会

公德的人，才会被人们所尊重；那些违反社会公德的人，将被人们唾弃、耻笑。社会公德的内容并不是一成不变的，而是随着历史的演变也变得更加丰富多彩。

一次是在华盛顿博物馆前的开阔地上，一个穿大衣的男人猫腰在拾废纸。当风吹起一块废纸时，他就像捉蝴蝶一样跟着跑，抓住后放进垃圾筒内，直到把地上的乱纸拾净，拍拍手上的土，走了。这个人是谁，不知道。

另一次在芝加哥的音乐厅。休息室的一角是可以抽烟的。摆着几个脸盆大小的落地式烟缸，里面全是银色的细砂，为了不叫里边的烟灰显出来难看，大烟缸里没一个烟蒂。柔和的银糖（mò）很柔美。我用手一拂，几个烟蒂被指尖勾起来。原来人们都把烟蒂埋在下面，为了怕看上去杂乱。值得沉思的是，没有一个人不这样做。

有人说，美国人的文化很浅，但教育很好。我十分赞同这见解。教育好，可使文化浅的国家的人很文明；教育不好，却能使文化古老国家的人文明程度低，素质差。教育中的“德”，一个重要成分是公德。公德的根本是重视他人的存在。

反观我们国内，公德心却值得我们深思。

一名收破烂的老人不小心划破了一位年轻女子的牛仔裤，老人手里只有8元4角，一个穿灰色羽绒服的中年妇女推搡着老人，嘴里喊着：“赶紧赔钱！”旁边站着一名20岁左右的女子，蓝色牛仔裤腿处被划开了一条两三厘米长的口子。被推搡的老人眼含泪水不停地恳求着，手里拿着一叠毛票，总共8元4角。“不就破一个小口子吗，至于这样为难人家嘛。”看着下跪的老人，旁观路人纷纷劝说“得饶人处且饶人”。

面对路人的指责，中年妇女毫不在意，坚决要让老人赔钱。据了解，当时这对母女走到路口处，刚好老人骑三轮车拐弯，车上的铁丝将年轻女子的裤子剐了一个小口。女子的母亲要求老人赔她50元。无奈之下，老人“扑通”一声跪下，不想对方丝毫没有反应，老人连续下跪十次。这一下把围观的群众惹怒了，有人愤怒地说：“对待这样一个年迈的老人，她们真是欺人太甚。”说完，将口袋里的23元钱塞在老人手里。这时，围观群众自发掏出钱来，一元、两元、十元……最后凑够了50元。老人再次向围观群众下跪，并不断地说：“谢谢，谢谢。”中年女子拿到钱后，拉着女儿一声不吭离开了。

以上案例，让人心痛。

家长要培养孩子的公德心，要注意做到以下几点：

第一，家庭内部也要讲公德。比如，动别人的物品前，一定要征求别人的意见，用完马桶后，要冲洗干净。

第二，孩子会以父母的言行为范本。父母带着孩子外出乘车，应该排队，不乱插队，不乱丢垃圾，在公共场合不大声喧哗。这样，孩子就会模仿父母的言行，逐渐培养自己的公德心。

总之，要想让孩子做一个有德商的人，要具备爱心、责任心、上进心、感恩心、同理心、公德心，一共六心。

德商法则对家长的提醒和建议

第一，优势型家长要充分认识到：“道德可以弥补智慧的缺点，智慧永远没有办法填补道德的空白。”所以，德商培养是家庭教育的根本任务之一。

第二，对孩子德商的培养，是家长一种高素质的体现，而德商的好处在短期内可能不太明显，但从长远来看，其投资回报是巨大的，一个有道德的孩子将来能够在人生道路上走得更远！

第三，孩子德商，可以具体分为：爱心、责任心、上进心、感恩心、同理心、公德心，一共六心。要想孩子具备这宝贵的“六心”，家长的表率作用至为关键，只有有“六心”的家长才能培养出有“六心”的孩子。

第四，寻找各种机会，与孩子一起参加社会实践：如参观敬老院，以帮助老人的方式唤醒孩子的爱心，参加社会公益活动唤醒孩子的责任心，多与各种优秀人士接触激发孩子的上进心，跟孩子时常关心照料家中长辈以培养孩子的感恩心，多与孩子以换位思考的眼光看待问题使孩子逐步拥有同理心，与孩子在户外及公共场所时刻注意自己的言行举止唤起孩子的公德心等。

第十法则：财商法则

所谓财商，其实就是理财的能力，也就是一个人认识和驾驭金钱的能力。财商培养，已经成为素质教育的重要内容。如果一个孩子从小没有接受过财商方面的教育，那么他在未来的生活中就很难驾驭金钱。对孩子而言，财商教育是一件非常紧迫而重要的事情。尤其在现代商品社会，“优势型家长”要充分重视孩子的财商培养。

现代商业社会，成年人都明白一个道理：“金钱不是万能的，但没有金钱是万万不能的。”出门就要花钱，一睁眼就“欠”别人的钱（如房贷、车贷等），甚至可以说，没有钱寸步难行。所以，金钱在现代社会中，实在是太重要了！

既然金钱如此重要，家长就要从小培养孩子的理财能力。因为，理财也是一门学问，需要系统的学习。

从小重视孩子的财商教育

孩子在4～6岁时，正是培养理财能力的关键期，而对难度稍大的理财能力，关键期则在6～14岁。我们对孩子的理财教育要从小抓起，帮助孩子形成正确而健康的金钱观，并形成良好的理财习惯。

首先，理财教育将帮助孩子认清劳动与财富的关系，帮助孩子形成热爱劳动的观念。我们的孩子大部分是独生子女，生来衣食无忧，劳动观念相对淡薄。通过理财教育，孩子会明白，财富是通过自己的合法劳动得来的。

其次，理财教育能帮助孩子了解社会生活，从而产生责任感。孩子终究要走入社会，他会逐渐明白，金钱不仅能满足自己的需要，而且还可以帮助别人、做很多有意义的事情。这能让孩子产生一定的社会责任感。

最后，理财教育将会促进孩子综合能力的发展。现代社会，作为生存能力的一个重要组成部分，理财能力需要一个人具备良好的计算能力、语言能力、交际能力、管理能力等各方面能力。对于成长中的孩子来说，理财不仅仅是学习如何与钱打交道，还包含很多其他方面的知识。

所以，优势型家长应该从小培养孩子的理财能力，帮孩子打下良好的理财基础。

再富也要穷孩子

天下父母没有不爱自己孩子的，也没有不希望自己孩子幸福的，所以很多家长信奉这样的观点“再穷不能穷孩子”。岂不知，这样不但不是爱孩子，反而会害了孩子。其实，“再富也要穷孩子”才是财商教育的明智选择，才能培养出一个自立自强、奋发向上的好孩子。

虽然李嘉诚的儿子李泽钜、李泽楷是含着“金汤匙”长大的，但是拥有巨富的李嘉诚毫不娇惯两个儿子，从小就让他们接受苦难教育，并且培养他们的理财意识，教导他们节俭。他用生活的道理教导儿子，温室里的幼苗不能茁壮成长，他就带他们看外面社会的艰辛，比如，一同坐电车坐巴士，看路边报摊小女孩边卖报纸边温习功课那种苦学态度。李嘉诚认为父母采取不同的教育方法，对下一代的将来影响很大。李嘉诚每次给孩子零花钱时，先按10%的比例扣下一部分，名曰所得税。这样，小孩在花钱时不得不事前进行仔细盘算，做一个全盘和长久考虑。

当孩子在外地读书时，李嘉诚给他们开了两个银行账户，其中一个账户上的钱他们绝对不能动用，这些是准备给他们完成博士课程的费用。如果要使用另一个账户的金钱，他们必须写信给李嘉诚报告，他会在24小时内回复。后来因为他们功课实在太多，李嘉诚才接受他们的要求，改用电话说明。

无独有偶，国外的大富豪对孩子的培养也是穷养。

洛克菲勒家族是世界上第一个拥有10亿元财富的美国富豪，尽管富甲天下，但从不在金钱上放任孩子。洛克菲勒家族认为，富裕家庭的子女比普通人家的子女更容易受物质的诱惑。所以他们对后代的要求比寻常人家反而更加严格。

这从其家族中流传着的“14条洛氏零用钱备忘录”就略见一斑了，这是约翰·洛克菲勒三世小时候与父亲约法三章所提出的，其在经济上已显得非常“吝啬”：每周给零花钱1美元50美分，最高不得超过每周2美元。且每周核对账目，要他们记清楚每笔支出的用途，领钱时交家长审查，钱账清楚，用途正当，下周增发10美分，反之则减。

洛克菲勒通过这种办法，使孩子从小养成不乱花钱的习惯，学会精打细算、当家理财的本领。他们的后代成年后都成了企业经营的能手。

钢铁大王安德鲁·卡耐基曾经说："不要以为富家的子弟，得到了好的命运。大多数的纨绔子弟，做了财富的奴隶，他们不能抵制任何的诱惑，以至于陷入堕落的境地。要知道，享乐惯了的孩子，绝不是那些出身贫贱的孩子的对手。一些穷苦的孩子，甚至穷苦得连读书的机会都没有的孩子，成人之后却成就了大事业。"

我们都知道，温室里的花朵是经不起风吹雨打的，只有经历过风霜的洗礼才能长成参天的大树。有意识地让孩子体验到拮据一些的生活，才能真正让孩子懂得金钱的来之不易，从而养成良好的理财习惯，形成良好的理财观念。

如今的孩子，过着衣食无忧的生活，根本不知道生活的艰辛，不少孩子的高消费令人咋舌，这样的孩子是不会懂得珍惜金钱的。我们很多家长以"爱"的名义提供给孩子过多的物质享受，很容易让孩子患上"富贵病"。其实，这不是理智的爱，只会让孩子养成拜金、骄奢的坏毛病，不利于孩子的健康成长。

帮助孩子树立正确的金钱观

金钱是一把双刃剑，一个人要想更好的使用金钱，前提必须是正确地对待金钱。作为父母，要帮助孩子树立起正确的金钱观。

一位英国心理学家曾经问100名3~8岁的孩子："钱是从哪里来的?"给孩子的答案一共分四种：第一，是从爸爸的兜里掏出来的；第二，是银行给的；第三，是售货员给的；第四，是通过工作挣来的。而能说出第四种正确答案的孩子不过二十多个，也就是说，大多数孩子对金钱的来源并不知晓。

很多孩子以为，金钱都在卡里，只要到提款机里提取就可以了。他们不知道金钱与劳动的关系，不明白金钱是通过辛苦的劳动换来的。或者说，他们不知道只有创造价值，才能换回金钱。

七岁的丽丽虽然年龄不大，但却知道金钱是劳动的报酬，应该珍惜，她还知道劳动分很多种，每种的报酬也不相同。而丽丽之所以明白这些，是因为妈妈每个月带她到银行取钱时，都会告诉丽丽说这是自己一个月工作的报酬，是通过劳动换取的金钱，并给孩子介绍，是公司老板把自己每月的工资打到银行卡上，所以才能在银行里取到钱。

同时，丽丽的妈妈还有意识地教孩子认识不同的劳动，比如带着孩子在大街上行走时，她会让孩子注意交警指挥交通、小贩叫卖东西、司机开车等劳动形式，并告诉孩子这些人都是在为社会工作，因此会有金钱的报酬。

于是，年龄虽小的丽丽却懂得了金钱和劳动的关系。

作为家长，我们要告诉孩子，金钱虽然重要，但要通过正规的渠道、堂堂正正地挣钱，正如古人告诉我们“君子爱财，取之有道”。要提醒孩子通过学习到一门技能，通过这门技能为别人创造价值，从而换回金钱。而不能通过坑、蒙、拐、骗、偷等这些非法途径获取金钱。

我们家长要告诉孩子，人活着不光为了金钱，金钱是服务我们的一个手段，而不是我们生活的目的。也要告诉孩子，金钱不是越多越好，幸福不是与金钱成正比的。金钱也不是万能的，有很多东西是金钱难以买到的，如亲人间真挚的情感、远大的理想、甜蜜的爱人等。

培养孩子的理财品质

理财教育的缺失是造成孩子理财能力偏差的主要因素。在理财规划越来越受到重视的今天，我们也应该对孩子的理财品质加以培养。理财专家认为，送给孩子财富不如培养他的理财意识，让孩子的智商、情商、德商、财商等同步发展。

首先，孝心是孩子财富的根基。一个有孝心的孩子才懂得父母的不易，努力尝试各种方法创造财富。反之，一个太受宠的孩子时时以自我为中心，不知道生活的艰辛，不体谅父母的不易，因而没有奋斗的动力。

其次，勤奋是创造财富的基础。俗话说："勤劳才能致富，懒惰使人受穷。"一个人勤奋未必一定能够创造出大量财富，但创造出财富的人却一定是勤奋的人。这就要求孩子在日常生活中，培养出爱劳动的好习惯，不但要勤动手，而且还要勤动脑，懂得思考才是创造财富的根源所在。

19世纪中叶，美国加州传来发现金矿的消息，许多人认为这是一个千载难逢的发财机会，纷纷赶赴加州。17岁的小农夫亚默尔也加入到这支庞大的淘金队伍。一时间，加州遍地都是淘金者，金子自然越来越难淘。

当地气候干燥，水源奇缺，许多不幸的淘金者不但没有圆致富梦，还险些丧身此处。小亚默尔经过一段时间努力，和大多数人一样，没有发现黄金，反而被饥渴折磨得半死。一天，望着水袋里一点点舍不得喝的水，听着周围人对缺水的抱怨，亚默尔突发奇想："淘金的希望如此渺茫，还不如卖水呢。"

于是，亚默尔将手中挖金矿的工具变成挖水渠的工具，从远方将河水引入水池，用细沙过滤，成为清洁可口的饮用水。然后把水装进桶里，挑到山谷一壶一壶地卖给找金矿的人。当时有许多人嘲笑亚默尔，说他胸无大志，不挖金子发大财，却干起这种蝇头小利的买卖。亚默尔不为所动，继续卖他的水，结果大多数淘金者都空手而归，亚默尔却在很短的时间靠卖水赚到了6000美元！这在当时可是一笔不小的财富。

可见，一个人要创造财富，不但要勤奋，更要会动脑子，学会“思考致富”。

第三，要想致富，要告诉孩子学会节俭。中国战国时代思想家提到，“节其流，开其源”。现代社会是一个物质极大丰富的时代，各种欲望和诱惑很多，孩子一不小心就容易掉入物质主义的陷阱，要经常提醒孩子，买自己“需要”的东西，但对自己只是“想要”的东西就不一定购买。因为，物欲不节制是现代社会人的通病，往往是“需要的不多，想要的太多”。

第四，要让孩子明白，要想致富，诚信是一个永恒不变的法宝。诚信是一个人的立身之本，一个诚信的人才能得到别人的信任，才能让人觉得可靠，才愿意与你打交道。一个没有诚信的人，别人躲还来不及，又怎么可能有合作呢？

古往今来，但凡成大事者，一定是有诚信的人。

李嘉诚在创业初期资金极为有限，一次，一位外商希望大量订货，但他提出需要富裕的厂商作保。李嘉诚努力跑了好几天，仍一无着落。在找不到担保人的同时他并没有放弃去开发新产品，他通宵赶出了9款样品。去找外商，一切据实以告：“我有能力做好产品，但是我的资金有限。”外商被他的真诚所感动，不但在无担保的情况下跟他签约，还预付了货款。李嘉诚说：一个有信用的人比起一个没有信用、懒散、乱花钱、不求上进的人，自必有更多机会。当你建立了良好的信誉后，成功、利润便会随后而至。另一方面，“吃亏是福”是李嘉诚待人处世的原则之一。他说过：“有时你看似是一件很吃亏的事，往往会变成非常有利的事。”为了信守承诺而吃亏，这种吃亏会转变成福气。

李嘉诚常说：“你必须以诚待人，别人才会开诚布公，别人才会以诚相报。”从一名穷困的打工仔到华人超级富豪，李嘉诚开创的商业神话说明了创业初期就要讲究诚信、树立商誉。用李嘉诚自己的话说就是：“信誉第一，以诚相待，除此之外，别无他法。”

培养孩子的理财技能

我们家长与其为孩子准备一大笔金钱，不如让孩子掌握一定的理财技能。孩子一旦掌握了理财技能，就会创造出更多财富。

首先，要培养孩子的理财观念。美联储主席格林斯潘曾强调指出：“理财盲是社会中产生的21世纪新型盲人，将会酿造出比文盲更可怕的悲剧。”要让孩子明白，除了劳动可以创造财富，金钱本身也可以生出金钱。

其次，要培养孩子正确的消费观。现在，很多孩子存在乱花钱、盲目消费的现象，这些不正确的消费观念正腐蚀着孩子幼小的心灵；要让孩子理性消费，家长要对孩子不合理的消费要求敢于说“不”。

第三，要培养孩子良好的储蓄习惯。把节省下来的钱积攒起来，以备不时之需。储蓄罐就是教育孩子的一个好方法，把平时的硬币投入到储蓄罐里，积少成多，孩子不但有成就感，而且养成了储蓄的好习惯。

最后，让孩子制订合理的支出预算与支出计划。每月给孩子固定的零花钱，超支了不另外给予补贴；反之，如果节约了会有适当的奖励。这样，就容易让孩子养成良好的理财习惯。

总之，财商教育对孩子而言，非常重要。优势型家长要对孩子进行系统的财商培养，孩子将来才能在这个商品社会中游刃有余。

财商法则对家长的提醒和建议

第一，家长要从思想上认识到，财商教育是孩子系统教育的关键一环，必须从小抓起。

第二，理财教育也是系统工程，总结如下：

- 从小重视孩子的财商教育，让孩子从小知道钱如何来，钱如何花，钱如何生钱
- 再富也要“穷”孩子，让孩子认识到挣钱的艰辛，珍惜每一分钱
- 帮助孩子树立正确的金钱观，让孩子明白金钱是服务幸福的手段，而不是目的，在世界上有比金钱更为珍贵的事物
- 培养孩子的理财品质，让孩子意识到孝心、勤劳、节俭、诚信等都是致富的重要人格品质
- 培养孩子的理财技能，让孩子养成正确的消费观，不该花的钱不花、懂得储蓄、懂得预算和支出，这些对孩子养成良好的理财习惯都很有好处

第三，培养孩子的财商，首先需要家长具备比较高的财商，这是一个重要前提。这就要求家长在财商方面也要多下功夫，努力提高自己理财方面的修养，做一个“成长型家长”，与孩子共同进步。

第十一法则：青春期法则

青春期，是孩子成长过程中的一个重要时期。在这个时期，孩子的生理和心理都发生着“翻天覆地”的变化，并且出现很多“矛盾化”的特点。作为“优势型家长”，也要适应和接受孩子的这种变化，并与孩子共同平稳度过青春期。

青春期，这个名词很难解释，但家里有青春期孩子的父母都深有体会：那个整天跟在你屁股后面的“跟屁虫”突然不见了，那个听话的小孩突然变得暴躁、叛逆、沮丧，在青春期孩子的眼里，父母已经不再是至高无上的父母，而是普通人。

青春期的孩子，生理上已经有了大人的样子，但心理上并不成熟。他们看起来应该是懂事了，但实际上远远没有。他们想独立，不愿意被过分呵护，他们想与众不同，不愿意再受大人的约束！

所以，建议父母们，对于青春期的孩子，不要去控制他们，你越想控制他，他越不服管。最好的方法是给孩子一定的空间，让他自由自在地成长。

面对孩子的巨变，家长要调整心态

当孩子进入青春期后，他们的身体就会被一股巨大的力量所占据和控制，想法和行为都会发生很大的变化，引起这种变化的力量就是荷尔蒙。

荷尔蒙对身体的影响显而易见，如快速长高、变声，胖乎乎的小男孩一下子长成胡子拉碴的小伙子，细瘦的小女孩一下子长成了妙龄的少女。除此之外，荷尔蒙还对大脑产生了复杂的影响，这种影响虽然看不见，但其对大脑的冲击是剧烈的。

了解荷尔蒙对孩子的冲击，父母对孩子就多一分体谅，少一分指责，心态也能变得平和一些。

当孩子进入青春期，父母即使再关心孩子，方式上也要进行适度调整，除了事关原则和底线的重大问题外，应该留给孩子适当的空间，不要干涉太多。

孩子会以他们自己的方式成长，即使孩子偶尔做出叛逆一点的事情，家长也要以宽容、理智的心态对待孩子。

运动是青春期孩子释放能量的好方法

在孩子成长的过程中，明智的父母会把培养强健身体素质的体育运动放在重要位置。体育不能仅局限在孩子发展的某个阶段，更是应该贯穿孩子一生的活动内容。

在中国目前的现实是，很多家长重视孩子的营养，重视孩子的学

习，却唯独不重视孩子的体育。对此，有专家指出：体育是关系到一个人幸福生活一辈子的事情，一定要让运动成为一生的好习惯。

一个人如果在童年时期不爱运动，长大以后很难养成运动的习惯，这对生命的质量显然会有不利的影响。

体育锻炼对儿童的好处非常多。所以，体育绝非代表头脑发达、四肢简单，而是强身健体之育、强心强志之育。体育锻炼的好处具体总结如下：

1. 能使身高增加。体育锻炼能增强孩子身体各器官系统的功能，使孩子体格健壮。
2. 能锻炼孩子四肢，增加肌肉力量，使肌肉逐渐变得丰满起来。
3. 运动能促进心肺功能，使血液循环加快，新陈代谢加强，心肌发达，收缩力加强。
4. 运动可使孩子胃肠蠕动增加，胃肠消化能力增强，食欲增加，营养吸收完全，使孩子发育更好。
5. 能促进神经系统的发育。在进行体格锻炼的同时，神经系统本身也经受锻炼和提高。
6. 能预防疾病。孩子多进行户外运动，接受日光、空气和水的沐浴，这样就不容易感冒，也不容易中暑。
7. 促进智力发育。人在活动时，肌肉中的神经可将各种刺激冲动传到大脑，从而对智力发展很有益处。

对于青春期的孩子，多进行体育运动可以释放多余的荷尔蒙，同时增强孩子的体魄，可谓一举两得。所以，家长更要让处于青春期的孩子多参加体育锻炼，让他们平稳度过这段特殊时期。

性教育是青春期家长必须面对的课题

中国的青少年主要从哪里获取性知识呢？媒体调研的结果居然是：色情网站和游戏！

从十几岁开始，荷尔蒙就开始在孩子体内运作，到了青春期，孩子体内的荷尔蒙已经是异常发达。本来，家长都希望孩子专注于学业，第一次性行为最好发生在18岁以后或者婚后，但如何延后或转移18岁之前的孩子的性欲望和性冲动，这是家长、社会和学校必须共同面对的课题。

在中国这个有着性禁锢的文化氛围的大环境中，中国的老师对“性”这个话题都是忌讳颇深，几乎都是闭口不谈，最多只讲一讲月经和遗精。一方面，他们认为只要严加管束，你不说，我不说，孩子就无从知道；但岂不知，正是家长和学校的集体沉默，悲剧就在这种貌似纯洁的氛围中悄悄发生了，很多孩子因为得不到正确的性知识而在懵懂中犯下不可逆转的错误。

泉州安溪县一名17岁的男孩因阴茎经常勃起，有时大白天在公共场合也会勃起，感觉很羞耻、很讨厌，在家里挥刀自宫，把自己的阴茎从根部割断。

这场惨剧显然不能把责任全部归结到男孩身上，因为只要有人稍微做一下引导，就可以让男孩明白，那些困扰他的、让他感到羞耻讨厌的事情不过是青春期发育时的正常反应，就不会因为无知而诱发这样的悲剧。因此，在为男孩惋惜的同时，我们更想追问的是，对于青春期的孩子负有启蒙教育职责的学校和家长，为何在这样的关键时刻却不见了踪影？按照男孩的说法，他“已经想了很久很久，才下决心动刀子的”，那么，在这么长的时间里，男孩为何没有求助于家长，家长为什么也没有发现男孩的“苦恼”？

挥刀自宫，仅仅是一个极端的个例，但是这一悲剧背后所表现出的青春期教育缺失却是整个中国的青少年群体普遍的伤痛。其实，我国从20世纪80年代就开始进行青春期教育，上海等部分地区还开设了青春期教育课程，可遗憾的是，青春期教育的力度和实效却远远落后于时代的需要，特别是青春期教育的核心课程——性教育，更是一直处于缺位或流于形式的状态。

自宫男孩的性知识有多贫瘠，我们对于青少年的青春期教育就有多滞后！男孩的挥刀自宫为我们画出了一个血淋淋的惊叹号，这种本来不应该出现的悲剧，让我们意识到了加强青春期性教育的迫切性，现在已经到了和孩子们打开天窗说亮话的时候了，毕竟，性本身就是人类生生不息的关键，家长有责任对孩子进行性教育，只有这样，才能让懵懂的孩子不做出荒唐的举动，避免因性教育的缺失而造成的惨痛悲剧。

所以，性教育不应该存在禁区，家长要教会孩子正确面对性，孩子才能避免过早发生性行为，安全度过青春期。

家长要正确解读孩子的恋爱

青春期的孩子对爱情充满憧憬，作为家长，应该在合适的时间为孩子讲讲爱情。家长应该告诉孩子，爱情是人生美好的组成部分，但青春期的爱情过于“懵懂”，准确来说只是爱情的“萌芽阶段”，很难“修成正果”。所以青春期的孩子应该以学业为主，等到心智足够成熟以后再去谈恋爱，更具有实际意义。

事实上，在青春期，异性相吸，产生好感是再正常不过的现象，家长对此也不必大惊小怪，应该采取疏导而不是防范的态度。

青春期的爱情，是很纯真的，它像一朵刚刚开的香水百合，充满着好奇与纯洁。

青春期的爱情，是淡淡的花香，它迷漫在空气中，像是个无知的孩子，快乐地笑着，哭着。

青春期的爱情，是迷茫的蒲公英，不知道飞啊飞，会飘到哪里……

青春期的爱情，是不真实的，它像一朵在风中盛开的花，终有凋谢的一天。

青春期的爱情，是一条小路，曲曲折折。

青春期的爱情，是沙尘暴，轰轰烈烈，但始终有平静的时候……

青春期的爱情，就像上面这首诗写的一样，最终会有平静的时候。

家长对待青春期爱情的原则是：18岁以内应该以学习为主，不鼓励孩子与异性过多交往；可以保持友情，但不鼓励过早确立爱情关系，可以将确立关系的时期定在上大学以后；18岁以前，尤其不能与异性发生性关系。

对待青春期的孩子，应该强化亲子关系：事实证明，亲子关系如果良好，父母懂得青春期孩子的特点，多与孩子沟通，加上通过体育活动释放孩子体内过剩的荷尔蒙，孩子谈恋爱的可能性就会大大降低。

反之，亲子关系不好，孩子容易在异性那里寻找安慰和刺激，就比较容易产生青春期恋爱，甚至发生性关系。

她们是一群不满18周岁的花季少女，大都是在校学生，为了获得更多的零花钱，过上轻松奢侈的生活，在不法分子的引诱下，沦为卖淫女。近日，十堰特大组织未成年人卖淫案宣判，赵某、曹某、王某等人因犯下组织、介绍未成年少女卖淫罪等，而被判处4年有期徒刑或缓刑。

涉案人员近30人，一半为在校学生，涉及十堰市某中专学校和普通中学等7所学校。除了被卖淫团伙引诱卖淫外，这些卖淫女还通过QQ、电话等方式，主动与嫖客联系进行卖淫，或者介绍其他少女与嫖客发生性关系。

她们与嫖客形成了固定的“圈子”，她们中的绝大多数来自离异家庭，普遍缺少监管，普遍缺少家庭温暖，但也有些女孩家境并不差，她们对于钱色交易没有羞耻感，出卖青春只是因为爱慕虚荣，贪图享乐而手头缺少零花钱。

所以，还是那句话，“良好的关系胜过好的教育”，不好的亲子关系是青少年违法犯罪的根源。为此，家长还是要提高自身素质，给孩子树立一个好的榜样，建立起和谐的亲子关系，这才是亲子教育成功的根本法则！

同伴关系对青春期的孩子至关重要

对于青春期的孩子，可以与家长处不好关系，但不能和同伴处不好关系；他们渴望独立、摆脱家长的束缚，建立自己的圈子。他们急切地盼望被社会认同，而同伴，就是青少年的社会。

家长都觉得自己最了解孩子、最关心孩子，其实，青春期的孩子更需要的是朋友而不是向导。一般的家长只关心孩子的吃穿，学习成绩，对孩子的心理变化和内心烦恼很少关注，这也就导致了青春期的孩子更愿意与同伴吐露心声，而不愿意与家长说出自己的秘密。

所以，对青春期的孩子，应该鼓励其多与同伴交往，不反对与异性交往；同伴，有很多的积极作用，如提升自己，增强身份感、判断力，提高人际交往能力等。

总之，青春期是孩子成长过程中的特殊时期。优势型家长应该充分理解孩子、引导孩子、帮助孩子，与孩子一同平稳度过这段特殊时期。

青春期法则对家长的提醒和建议

面对孩子的青春期，父母要有心理准备，了解孩子青春期特点，知道孩子叛逆的原因，对症下药：

首先，孩子进入青春期，身体会发生变化，家长对孩子的变化要理解，并指导正确对待。女生第一次来例假、男生第一次遗精，作为家长，应该对孩子说："恭喜你！你长大了。"

第二，学会与孩子沟通，进入青春期，孩子的心理会发生变化，他们开始有很强的自我意识，不喜欢被人命令。这个时期，家长要学会跟孩子沟通，时常站在孩子的角度上思考问题。尊重孩子，平等交流。利用赞美，缩短心理距离，因为每个孩子都希望得到父母的赞扬，家长一定不要吝啬自己的赞美。

第三，要向孩子"索爱"，不少家长在"爱"的问题上，只尽"给予"的义务，不讲"索取"。这时，家长们的爱就会贬值，孩子们会觉得父母的爱是应该的。家长要向孩子索爱，让孩子学会感恩。

第四，重视孩子对家长的要求。总体来说，青春期孩子对家长有十大要求：孩子在场，父母不要吵架；对每个孩子都要给予同样的爱；父母之间互相谦让，相互谅解；父母不要轻易对孩子撒谎；父母与孩子之间要保持亲密无间的关系；孩子的朋友来做客时，父母要表示欢迎；对孩子提出的问题，父母要尽量予以答复；在孩子朋友面前，父母不要讲孩子的过错；注意观察和表扬孩子的优点，不要过分强调孩子的缺点；对孩子要保持温和的态度，稳定的情绪，不要动不动就发脾气。

第三大部分：优势型家长的10条个性法则

优势教育是一种关注人类先天优势并以天赋优势促进孩子健康发展的教育方法，是引导孩子学会自觉挖掘潜能，发展自身长处的教育方式。

优势也称为天赋特质，是人类个体在发育过程中形成的几乎不发生变化的能量、强项，经过训练后可以发挥到极致的行为能力。人有生命以来，每个人的大脑都有属于自己独特的优势区，并且随着年龄的增长逐渐定型，形成特有的行为优势通道。

优势型家长除了培养孩子良好的基本素质、基本能力外，更应该发现孩子的优势，发挥孩子的优势。并根据孩子的优势，结合社会的需求，通过社会实践，逐步帮助孩子在社会上找到“合适的人生位置”，孩子才会拥有幸福的人生。

这一部分的10条法则是家长培养孩子的个性法则，家长应该因材施教，根据孩子的长处有针对性地进行培养。

第一法则：优势法则

人的一生中，在身体健康的前提下，最重要的两件事情可以说是事业和爱情。在现实生活中，爱情也往往因为事业而来；所以，最重要的事情往往只有一件——事业。而如何找到自己事业的“支点”，用自己的能力“撬动世界”，是一门很大的学问，而其中的奥秘我们认为只有四个字：发现优势。发现孩子的优势，发挥孩子的优势，是优势型家长和孩子需要共同面对的重要人生课题。

家长培养孩子，最终目的是什么？

仔细想来，家长无非是希望孩子幸福：有一份稳定的事业，有一个幸福美满的家庭，当然还要有一个健康的身体。

但为什么在现实生活中，很多孩子非常优秀，各方面素质都不错，但发展的却很一般，在社会上也没有什么突出的表现，这到底是为什么，是哪里出了问题？

我们认为，这可能是因为很多孩子没有发现自己的“优势”，或没有根据自身的“优势”找到属于自己生命中的那个“准确定位”或“合适位置”，从而导致了平庸的表现。

优势理论的重要性和理论由来

首先看一则广为流传的寓言故事。

为了和人类一样聪明，森林里的动物们开办了一所学校。开学典礼的第一天，来了许多动物，有小鸡、小鸭、小鸟，还有小兔、小山羊、小松鼠。

学校为它们开设了5门课程，唱歌、跳舞、跑步、爬山和游泳。当老师宣布，今天上跑步课时，小兔子兴奋地在体育场跑了一个来回，并自豪地说：我能做好我天生就喜欢做的事！而再看看其他小动物，有噘着嘴的，有搭着脸的。放学后，小兔回到家对妈妈说，这个学校真棒！我太喜欢了。第二天一大早，小兔子蹦蹦跳跳来到学校。老师宣布，今天上游泳课，小鸭子兴奋地一下跳进了水里。天生恐水、祖上从来没人会游泳的小兔傻了眼，其他小动物更没了招。

接下来，第三天是唱歌课，第四天是爬山课……以后发生的情况，便可以猜到了，学校里的每一天课程，小动物们总有喜欢和不喜欢的。

这个寓言故事寓意深远，它诠释了一个通俗的哲理，那就是“不能让猪去唱歌兔子学游泳”。要成功，小兔子就应跑步，小鸭子就该游泳，小松鼠就得爬树。

成功心理学的理论告诉我们，判断一个人是不是成功，最主要的是看他是否最大限度地发挥了自己的优势。

优势，是一个人油然产生并贯穿始终的思维、感觉或行为模式，包括天赋和性格；通俗的说法是一个人做天生擅长的事，不费劲就能做得比别人快、做得比别人好。

成功心理学的最新研究认为：在外部条件给定的前提下，一个人能否成功，关键在于能否准确识别并全力发挥其先天优势——天赋和性格。只要一个人识别和接受自身的天赋和性格，再配以必要的知识和技能，寻找到合适的位置，持续地使用它们，并坚持下去，就有望成功，就有望建立幸福的人生。

这就是成功第一定律。

俯瞰当今，成功者的灿烂照亮了整个世界。乔丹是篮球飞人，罗纳尔多是足球先生，帕瓦罗蒂是美声歌王，索菲娅·罗兰是电影皇后，杨振宁是诺贝尔物理奖得主，韦伯纳是企业家的楷模。这些精英，之所以出类拔萃，是因为其自身的优势获得了最大限度的发挥。而普通的人们，在对这些成功者心怀敬仰之时，是否也已经明白：优势不是这些成功者的专利，我们每个人都有自己天生的优势。想做最好的自己，就得发现并发挥自己的优势！

当成功心理学在欧美大行其道之时，中国并没有给予更多的关注。有专家感言：五千年的文明，已悄然把传统的思维方式牢牢根植于中国人的大脑中。至今，中国人仍然在以传统的思维方式关注教育、关注管理、关注成功。

中国有句古话："只要功夫深，铁杵磨成针。"讲的就是只要坚持不懈，就一定能成功。然而，成功心理学家指出，铁杵有铁杵的优势，为什么一定要把铁杵磨成针？这正是中国人需要突破的一种思维定式。小兔子根本不是学游泳的料，即使再刻苦它也不会成为游泳能手，相反，如果训练得法，它也许会成为跑步冠军。

而目前，"让小兔子学游泳"的事情，在中国却时常发生。

一家知名的调查公司曾于2010年对中国1万名学生家长做过一项调查：如果你的孩子一门功课考优，一门功课考良，一门功课考中，在你和孩子讨论学习的时候，会主要把精力放在哪门功课上？调查结果显示，有99%的家长选择了与孩子更多谈论考中的那门功课。家长们似乎都认为，自己的孩子应该花费更多的力气，提高自己较差方面的能力。

长期以来，在中国社会，尤其是学术界一直存在着一个问题，就是过多看重事物的负面影响。社会学家强调研究人的负面，并做很大的努力试图改变人的缺陷和不足，但却很少甚至不关注人的优势和长处，忽视了人最有价值的内涵。而大量的研究已经表明，花同样的精力用于改造缺陷和花同样的精力发挥优势，其结果是不可比拟的。而这种关注点的转变，对于重新认识人的活动是一种可以称之为革命性的突破。

成功心理学将把国人从传统文化的禁锢中解放出来，并将掀起中国一场新的思想解放运动。

如何发现孩子的优势

唐纳德·克里夫顿博士说，大凡成功者都通晓自己的优势，一般普通人则不然。在现实生活中，他们很难把握自己的优势是属于小兔子型的、小鸭子型的，还是小鸟型的。

针对这一课题，成功心理学在做了大量实验的基础上，总结出了一个基本规律，让你知道你到底是谁、你的优势是什么。

当你看到别人在做某件事时，你心里是否感受到一种跃跃欲试的感召——“我也想做这件事”；当你完成某件事时，你心里是否会有一种愉快的欣慰感——“我还可以把这件事做得更好”；你在做某类事情时几乎是自发地、无师自通地就能将其拿下；你在做某类事情时不是一步一步，而是行云流水般一气呵成……这些都是最重要的信号，它指向了你的优势所在。

成功心理学还发现，截至目前，人类共有400多种优势。这些优势本身的数量并不重要，重要的是每一个人应该知道自己的优势是什么，之后要做的则是将自己的生活、工作和事业发展都建立在这个优势之上，这样就能事半功倍。

具体而言，我们认为发现孩子的优势有如下具体方法：

第一，周围的人对孩子的评价。如评价孩子人际关系好、会办事，孩子很可能在人际交往中有过人之处；如果周围的亲戚朋友评价孩子画画好、有灵气，孩子很可能在艺术方面有天分。

第二，孩子做事时的感觉，或者叫孩子的自我评价。如克里夫顿博士所言，孩子在做某件事情时感觉比一般的同龄人强，有“行云流水”般的感觉；或者说孩子在做某件事情时觉得很容易，和其他小朋友相比，能够又快又好地完成，这里就隐藏着孩子优势的重要线索。

第三，可以通过测评发现孩子的优势。如盖洛普的优势测评器，脑AT技术优势测评，加德纳多元智能测评，等等。

第四，突发情况下可以发现孩子的优势。如在某种紧急情况下，孩子的潜能和优势突然显露出来。在唱歌比赛中，原定歌手生病，让其他孩子临时顶替，孩子硬着头皮上场，突然发现自己还有唱歌天赋。英国苏珊大妈的传奇故事，大体上算是这种情况的体现。

苏珊大妈从小得了脑瘫，学习成绩不好，长得不好看，同学们都不喜欢和她在一起玩，更不喜欢她唱歌，后来她哭着和妈妈说上帝为什么不公平。

她妈妈说，上帝给每个人都准备了礼物，只不过每个人的礼物不同，有的很容易找到，比如美丽外表等。有的很珍贵但不好找，需要努力才能找到。

后来苏珊天天都唱歌，没人听她唱，她就来到山顶对着大自然歌唱，动物都成了她的听众。这样一直坚持了几十年，直到2009年一位老者无意中听见了她的歌声很动听，给了她一张名片，告诉她有一个地方会有很多人听她唱歌。几天后，她就来到了英国达人的舞台，之后就有了这位一曲惊人的苏珊大妈。

如何发挥孩子的优势？

很多人一辈子没有找到自己的优势，这是非常可惜的；但很多人即使找到了自己的优势，却没有“站对位置”，继而导致优势仍然没有发挥出来，这更是让人遗憾的事情。

艾森豪威尔是一个杰出的军事家和领导者，但是谁也料想不到的是，他在大学校长任期上却成绩平平。

“二战”时期，他作为盟军统帅，指挥盟军实施了历史上规模最大的诺曼底登陆战役，奠定了盟军反败为胜的基础。随后，又指挥盟军将德军驱逐出法、比、荷境内，并直捣德国腹地，第三帝国海、陆、空三军部队全部投降。德国元首希特勒也自杀身亡，从而结束了第二次世界大战。

纵观古今战史，无论何种战事，只要有两个以上国家的联军就是难以统帅的，而艾森豪威尔能够把多国的庞大武装力量合为一体，协调行动，共同战斗，足见其统帅能力是非常人所及的。战后，艾森豪威尔又以压倒性的优势，击败了政坛老手史蒂文森，二度出任美国总统，成为最受美国人民热爱的总统之一。

艾森豪威尔站对位置时，就是非凡的。而没有站对位置呢？

“二战”以后，艾森豪威尔曾出任哥伦比亚大学校长。然而，让人意外的是，这位在战争中叱咤风云的英雄人物，却在这一位置上毫无建树，唯一值得圈点的，是在校园内的草坪上，为懒于绕道的学生开辟了一条便道。

即使是艾森豪威尔，没有“站对位置”时也是平庸的。

所以，在人生的坐标系里，一个人站对位置，就会成功；一旦站错位置，可能会永久地在卑微和失意中沉沦！

赵括纸上谈兵的典故也是一个十分沉痛的教训。赵括谈起兵书来头头是道，天下无敌。但是真到了战场上，就成了绣花枕头，一败涂地，导致赵军在长平之战惨败，四十万投降秦国的赵兵被坑杀。

以赵括的聪明和才华，在今天当个大学教授、学者绰绰有余。而担任实际带兵的统帅就不行了。

再看一个诺贝尔奖获得者的故事。

诺贝尔化学奖的获得者奥托·瓦拉赫在上中学时，他的父母曾为他选择了文学之路，只上了一个学期，教师就在他的评语中下了结论：瓦拉赫很用功，但过分拘泥，这样的人即使有完善的道德，也绝不会在文学上有所成就。后来父母又让他改学油画，谁知瓦拉赫既不关心构图，又不会调色，对艺术的理解力也很差。可是，化学教师却认为瓦拉赫做事一丝不苟，具备做化学试验应有的品格，建议他改学化学。这一次，瓦拉赫智慧的火花被点燃了，其化学成绩在同学中遥遥领先，并最终获得了诺贝尔化学奖。

瓦拉赫的成功再一次告诉我们，每个人的智能都不是均衡发展的，如果能发现自己的长处，并且最大化发挥自己的长处，“站对位置”，就会有所作为。

优势是由哪些元素构成的？

优势是由哪些元素构成的呢?

按照盖洛普的说法，优势由才干、技能和知识构成。技能和知识可以很容易学会，而才干则不能。

在长期的研究中，成功心理学发现，每个正常人都有其独特的才干以及用才干构成的独特优势。**所谓才干，专业的解释是一个人所具备的贯穿始终、且能产生效益的感觉和行为模式。它是先天和早期形成的，一旦定型，很难改变，无法培训。**

而知识和技能则是可以培训的，它们也是优势的组成部分。

例如，在中国的三十年前，大学生还比较少，有大学文凭是一个优势。但大学文凭本质上属于知识范畴，它是可以培训的，在现在大学门槛较低的情况下，拥有大学文凭的竞争力就大大降低。

但如果你拥有独特的才干，别人是很难复制的，也是很难学习的。如赵本山拥有幽默的天赋，即使一个人拼命学习搞笑逗乐抖包袱，也未必比赵本山随口说的一句笑话更令人开怀。

再谈谈技能。开车对一般人而言是一项技能，但未必是一种才干。也就是说，一个人开车开了很多年，也未必能达到赛车手如迈克尔·舒马赫的境界，因为你不具备舒马赫的才干。换句话说，一个人会开车，但不一定具有开车的才干，充其量只是一项技能而已。

从另外一个角度而言，优势构成的元素也可以从如下角度理解：

第一，兴趣。人们都说，兴趣是最好的老师。事实上，在兴趣里面，往往隐藏着人生成功的秘密。

第二，能力。在以前的学校教育中，对能力的定义过于狭窄，要么是语文好，要么是数学好；但随着时代的发展，科学家对能力的定义大大加宽。现在，科学上界定能力至少有八种类型。

第三，性格。常言道“性格决定命运”，可见，性格在人的一生中占据着多么重要的地位。一个人的性格也是优势的重要组成部分。

总之，在现实中，一个人的优势构成比较复杂，至少是由兴趣、能力、性格三者协同作用的结果。

优势法则对家长的提醒和建议

第一，人活在这个世界上，应该充分发挥出自己的长处，而不是一味弥补自己的短处。各行各业的顶尖人才，都在发挥着自己的强项和优势。家长要意识到，想让孩子拥有幸福的人生，充分发挥孩子的优势和长处才是最重要的。

第二，家长可以通过各种方法，努力发现和找到孩子的优势，如通过实践、身边人的评论和测评等手段。

第三，找到优势，但没有“合适位置”，优势还是很难发挥出来。或者说，只有优势还不行，还要根据优势找到准确定位，根据定位找到合适位置，才能将优势彻底激活，将能量释放出来。

第四，培养孩子，如果家长只懂得孩子学习好就行了，这是认识的初级阶段。认识到孩子不但学习要好，还要综合素质高，智商、情商、逆商、德商、财商等一个都不能少，这是认识的中级阶段。认识到除了孩子的基本素质要高外，还要发现孩子的优势，帮助孩子找到合适的人生位置，价值倍增，这是认识的高级阶段，这也是本书第三部分重点阐述的内容。

第二法则：兴趣法则

所谓兴趣，是指人们力求认识某种事物和从事某项活动的心理倾向。兴趣是个体以特定的事物、活动及人为对象，所产生的积极的和带有倾向性、选择性的态度和情绪。兴趣以需要为基础，人们若对某件事物或某项活动感到需要，就会热心于接触、观察这件事物，积极从事这项活动，并乐于探索其中的奥秘。引导孩子的兴趣，发现孩子的兴趣，是“优势型家长”发现孩子优势的重要方法。

兴趣，是一个人的心理偏好倾向。有的人说，兴趣是最好的老师。有的人说，成功人生的密码有好多把开启的钥匙，其中最重要的一把就是兴趣。

这些描述，从不同的角度说明，兴趣对一个人的成功而言是非常关键的。在一个人的兴趣里面，往往蕴含着自身的优势秘密。

2001年5月，美国内华达州的一所中学在入学考试时出了这么一个题目：比尔·盖茨的办公桌有五只带锁的抽屉，分别贴着财富、兴趣、幸福、荣誉、成功五个标签，盖茨总是只带一把钥匙，而把其他的四把锁在抽屉里，请问盖茨带的是哪一把钥匙？其他的四把锁在哪一只或哪几只抽屉里？

一位刚到美国的中国学生，恰巧赶上这场考试，看到这个题后，一下慌了手脚，因为他不知道它到底是一道语文题还是一道数学题。考试结束后，他去问他的担保人——该校的一名理事。这位理事告诉他，那是一道智能测试题，内容不在书本上，也没有标准答案，每个人都可以根据自己的理解自由地回答，但是老师有权根据他的观点给一个分数。

这名中国学生在这道9分的题上得了5分。老师认为，他没答一个字，至少说明他是诚实的，凭这一点应给一半以上的分数。让他不能理解的是，他的同桌回答了这个题目，却仅得了1分。同桌的答案是，盖茨带的是财富抽屉上的钥匙，其他的钥匙都锁在这只抽屉里。

后来，他的这位美国同桌写信去向比尔·盖茨请教答案。比尔·盖茨在回信中写了这么一句话：在最感兴趣的事物上，隐藏着你人生的秘密。

兴趣的分类

人的兴趣是多种多样的，但概括起来可以分为三大类：

第一，物质兴趣和精神兴趣。物质兴趣主要指人们对舒适的物质生活，如衣、食、住、行等方面的兴趣和追求；精神兴趣主要指人们对精神生活，如学习、研究、文学艺术、知识等方面的兴趣和追求。

第二，直接兴趣和间接兴趣。直接兴趣是指对活动过程的兴趣。例如，有的孩子想象力丰富，富于创造性，喜欢制作各种模型，在制作过程中，全神贯注，表现出浓厚的兴趣；间接兴趣主要指对活动过程所产生的结果的兴趣。如有的孩子业余喜欢绘画，每当完成一幅画，他都会对自己取得的成果表现出极大的兴趣。只有把直接兴趣和间接兴趣有机地结合起来，才能充分发挥一个人的积极性和创造性，才能持之以恒，目标明确，取得成功。

第三，个人兴趣和社会兴趣。个人兴趣是个体以特定的事物、活动及人为对象，所产生的积极的、选择性的态度和情绪。社会兴趣是指社会成员对某一领域的普遍兴趣。

兴趣的巨大作用

兴趣是一种无形的动力，当一个人对某件事情或某项活动感兴趣时，就会积极投入，快乐而忘我地感受着“兴趣”带来的乐趣。

1915年，著名学者黄侃在北大主讲国学。他住在北京白庙胡同大同公寓，终日潜心研究“国学”，有时吃饭也不出门，准备了馒头和辣椒、酱油等佐料，摆在书桌上，饿了就啃馒头，边吃边看书，吃吃停停，看到妙处就大叫：“妙极了！”有一次，看书入迷，竟把馒头伸进了砚台、朱砂盒，啃了多时，涂成花脸，也未觉察，一位朋友来访，捧腹大笑，他还不知笑他什么。

可见，兴趣对人的作用是巨大的。对孩子而言，兴趣有如下的作用：

第一，对未来活动的准备作用。例如，对一个孩子来说，如果对化学感兴趣，就能激励他积累各种化学知识，研究各种化学现象，为将来研究和从事化学方面的工作打下良好基础。

第二，对正在进行的活动起推动作用。兴趣是一种具有浓厚情感的志趣活动，它可以使人集中精力去获得知识，并创造性地完成当前的活动。

美国著名华人学者丁肇中教授就曾经深有感触地说："任何科学研究，最重要的是要看对自己所从事的工作有没有兴趣，换句话说，也就是有没有事业心，这不能有任何强迫……比如搞物理实验，因为我有兴趣，我可以两天两夜、甚至三天三夜在实验室里，守在仪器旁，我急切地希望发现我所要探索的东西。"

正是兴趣和事业心推动了丁教授所从事的科研工作，使他获得了巨大的成功。

第三，对活动的创造性态度的促进作用。兴趣会促使人深入钻研、创造性的工作和学习。就孩子来说，对一门课程感兴趣，会促使他刻苦钻研，并且进行创造性的思维。刻苦钻研会使孩子的学习成绩大大提高，创造性思维促进孩子学习方法的改善，提高学习效率。

由此可见，一个人的兴趣不仅是在学习、活动中发生和发展起来的，而且又是认识和从事某种活动的巨大动力。它可以使人的智力得到开发，知识得以丰富，眼界得到开阔，自我得到完善。

家长如果能尽早发现孩子的兴趣并加以培养，对孩子的未来发展及个性形成都有巨大裨益。

如何发现孩子的兴趣？

兴趣是智力活动的巨大动力，是人们进行求知活动和热爱学习的心理因素。兴趣比智力更能促进孩子学习。想培养和发展孩子的兴趣，家长首先要发现孩子的兴趣爱好：

一、从孩子的发问中去了解孩子的兴趣和爱好。经常听到一些家长这样讲："孩子提问，别理就是了，烦都烦死了……"殊不知，孩子爱提问题正是一件好事，说明他有强烈的求知欲和探索精神。

二、从孩子与父母的活动中挖掘孩子的兴趣爱好。节假日，与孩子一起进商店、逛公园，或到树林里散步时，家长可留心孩子感兴趣的商品、书籍、景物等。此外，家长还可以跟孩子一起写字、画画、做手工、修理日用品、一起搞烹饪……一般来说，孩子在与家长共同活动时，其兴趣和才能会清晰地表现出来。

三、从孩子的劳动成果中挖掘孩子的兴趣和爱好。以手工劳动和绘画为例，有的孩子喜欢做汽车、火车、轮船模型，喜欢描绘打仗的场面；而小女孩大多数喜欢画装饰图案，和给自己的洋娃娃做衣服等。从孩子的劳动中，就可以发现孩子在这些方面的兴趣和爱好，从而加以培养和引导。

四、从测评中发现孩子的兴趣爱好。职业兴趣测试是心理测试的一种方法，它可以发现一个人最感兴趣、最可能从中得到满足的工作是什么。

职业兴趣及其测评

当一个人的兴趣直接指向与职业有关的活动时，就表现为职业兴趣。职业兴趣在人的职业活动中起着非常重要的作用。主要表现为：它可以影响人的职业定位和职业选择，它能够开发人的能力，激发人的探索与创造力，它可以增强人的职业适应性和稳定性。如果一个人所从事的工作与其职业兴趣相吻合，能发挥其全部才能的80%～90%，能长时间地保持高效率的工作并乐此不疲；反之，则最多只能发挥其全部才能的20%～30%，还很容易导致疲倦与疲劳。可见，职业兴趣能够影响人们在职业活动中的工作绩效。

从职业兴趣的发生和发展来看，一般要经历这样一个过程：有趣——乐趣——志趣。

有趣是兴趣过程的第一阶段，也是兴趣发展的最低水平。例如有些人的职业兴趣变化多端，反复无常：今天想当理发师，明天想当服装设计师，后天又想开饭馆，等等。这种职业兴趣是短暂的，往往转瞬即逝。

第二阶段为乐趣。乐趣又称爱好，它是在有趣的基础上定向发展形成的，是兴趣发展的中级水平。在这一阶段或水平上，人们的兴趣会向专一的、深入的方向发展。如一个人对音乐感兴趣，他不但会热爱学习这方面的知识，而且可能还专门参加音乐方面的辅导班。

第三阶段为志趣。当人的乐趣与人的社会责任感、理想、奋斗目标结合起来时，便由乐趣转化为志趣，它是兴趣发展的最高水平。志趣具有社会性、自觉性和方向性的特点。

职业兴趣反映了职业特点和个体特点之间的匹配关系，是人们职业选择的重要依据和指南。职业兴趣测验正是用于了解这两方面之间的匹配关系，从而为实现“合适的人从事合适的工作”提供可靠的科学依据。

约翰·霍兰德（John Holland）是美国约翰·霍普金斯大学心理学教授，美国著名的职业指导专家。他于1959年提出了具有广泛社会影响的职业兴趣理论。他认为兴趣是人们活动的巨大动力，凡是具有职业兴趣的职业，都可以提高人们的积极性，促使人们积极地、愉快地从事该职业。霍兰德认为人格可分为传统型、艺术型、现实型、社会型、研究型、企业型六种类型。

1. 传统型（C）：尊重权威和规章制度，喜欢过有秩序的、安稳的生活。习惯于按照计划和指导做事，按部就班，细心并且有条理。不习惯自己对事情作判断和决策，较少发挥想象力。主要适合职业有：会计、出纳、统计人员；打字员、办公室人员、秘书和文书、图书管理员；外贸职员、保管员、邮递员、审计人员、人事职员等。

2. 艺术型（A）：热爱艺术，富于想象力、拥有很强的艺术创造力。乐于创造新颖、与众不同的成果，渴望表现个性，展现自己。做事理想化，追求完美。很多艺术家就属于这种类型的人才。主要适合职业有：音乐、舞蹈、戏剧等方面的演员、艺术家、编导、教师、文艺评论员；广播节目的主持人、编辑、作者；绘画、书法、摄影家；艺术、家具、珠宝、房屋装饰等行业的设计师等。

3. 现实型（R）：喜欢使用工具或机械从事操作等动手性质的工作，动手能力强，喜欢亲自体验或实践理论和方法，一般不具有出众的交际能力，喜欢从事户外工作。主要适合职业有：工程师、技术员；机械操作、维修、安装工人、矿工、木工、电工、鞋匠等；司机、测绘员、描图员；农民、牧民、渔民等。

4. 社会型（S）：乐于助人和与人打交道，有良好的处理人际关系的能力。喜欢从事对他人进行传授、培训、帮助等方面的服务工作。擅长发挥自己的感染力和说服力引导别人。他们通常具有很强的社会责任心，并且热情、善于合作、善良、耐心，重视社会义务和社会道德，如社会工作者、教育工作者等。主要适合职业有：教师、幼师、行政人员；医护人员，衣食住行服务行业的经理、管理人员和服务人员等。

5. 研究型（I）：喜欢理论研究，潜心于专业领域的创新和应用；喜欢探索未知领域，擅长使用逻辑分析和推理解决难题。不喜欢官僚式的刻板管理行为过多地干涉研究工作。很多教授、科研工作者往往属于这种类型的人才。主要适合职业有：自然科学和社会科学方面的研究人员、专家；化学、冶金、电子、无线电、电视、飞机等方面的工程师、技术人员；飞机驾驶员、计算机操作员等。

6. 企业型（E）：对其所能支配的各种资源能够进行有效的计划、组织、领导和控制。喜欢影响别人、敢于挑战自我，自信、有胆略、有抱负，沟通能力出色，擅长说服他人，追求声望、经济成就和社会地位。很多企业家、政府领导往往属于这种类型的人才。主要适合职业有：经理企业家、政府官员、商人、行业部门和单位的领导者、管理者等。

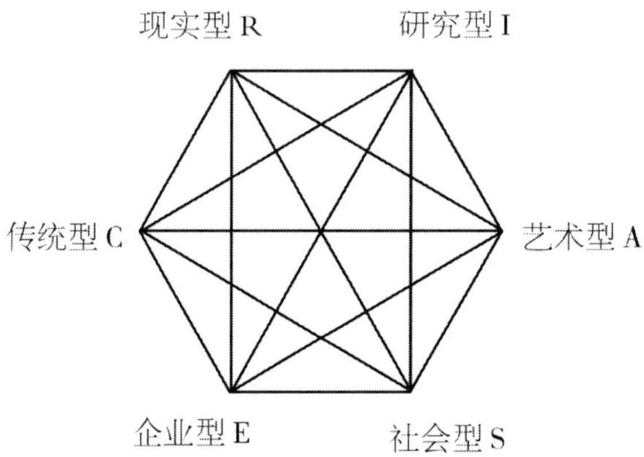

六大人格类型关系

发现孩子兴趣的案例及启示

发现孩子的兴趣，沿着孩子的兴趣方向进行培养，是家长培养孩子的重要方法。

国际象棋大师谢军的脱颖而出，与她的母亲尊重孩子的选择有密不可分的关系。那年，谢军面临着要么去棋队，要么继续上学放弃下棋的选择。她想上学，更想去下棋，因为只有她自己知道，只要往棋盘前一坐，她就会无比畅快、兴奋。而妈妈，这位毕业于清华大学自控系的电子工程师，为独生女儿考虑更多的是她的学业和前途。作为一个有文化素养的妈妈，既不愿因家长干预断送一个确有天才的棋手，也不愿女儿为此耽误一生。

于是，母女之间进行了一次很严肃的交谈，那时谢军才12岁。“你很喜欢下棋，对吗?”小谢军看着妈妈，从没见妈妈这么严肃过，有点儿害怕，但依然点点头。“那好，不过你要记住，下棋这条路是你自己选择的，既然你选择了下棋，今后，就要对自己负责任!”

试想，如果当年妈妈硬逼着谢军读书，压制她对国际象棋的爱好，那么，现在谢军也许会坐在大学的教室里，而我国就会少了一位出色的棋手。谢军的身后，有一位伟大的母亲!

再看另外的两个案例。

一个小女孩，偶然发现蚯蚓断成两半后，两半都在蠕动，感到特别好奇。她把断了的蚯蚓分别放进两个有土的花盆里，想观察一下断了的蚯蚓还能不能活。妈妈非常生气，说：“一个女孩子，摆弄什么泥巴，没出息!”把有蚯蚓的两块泥巴扔出门去。原国家教委副主任柳斌提到这件事时说：“你看，这么一骂，一扔，就给未来的中国断送了一位女科学家!”

第四届全国十佳少先队员车亮，是拥有许多专利的小发明家。起初，什么东西拿到手里他都想拆开来看看。他爸爸不责怪他，只是说：“你怎么拆的，就怎么再装上。”车亮看爸爸严厉的样子，拆玩具的时候就特别小心，每拆下一个零件都按顺序摆好，拆完琢磨明白后，再一一装上。就这样拆了装，装了拆，成了个小发明家。才上小学，他已经获得了三项国家专利。

以上案例说明，兴趣，是孩子打开成功之门的钥匙。

孩子能不能成功，关键是他的兴趣能不能早一些被发现，而且被大人所注意。**考试的分数不能代表孩子所有方面的能力，兴趣是很重要的，它是孩子长大后选对职业道路、取得事业成功的关键。**

很多年轻的妈妈爸爸只重视分数，忽视了对孩子兴趣的启发和培养。国家提出将应试教育转化为素质教育，就是强调发现和发展学生的兴趣，把孩子培养成独具特色的人才。

总之，优势型家长要认识到，在孩子的兴趣上，很可能隐藏着孩子的优势密码。善于观察孩子，发现孩子的兴趣，培养孩子的兴趣，是优势型家长义不容辞的责任和义务。

兴趣法则对家长的提醒和建议

第一，除了培养孩子的基本素质如智商、情商、逆商、德商等，家长要积极挖掘孩子的“兴趣”，帮助孩子寻找到未来的职业方向，这是事关孩子人生幸福的大事。

第二，现在很多学生家长，受环境影响比较大，容易在没有思考清楚的情况下盲从大流，如看到其他家孩子学习钢琴，不管孩子是否喜欢，一股脑也给孩子报班；看到其他家孩子学习跆拳道，不管三七二十一也给孩子报班。其实，这种做法值得商榷，孩子胜出，胜在自己的优势和长处，是“一招鲜吃遍天”，而不是“样样中样样松”！正确的方法是找到孩子的闪光点，然后有针对性地加以培养。

第三，发现孩子的兴趣，除了家长多与孩子接触、探究孩子对什么事物感兴趣外，测评也是一种很好的方法，等孩子到了一定的年龄，有意识地去做一下职业兴趣测验，家长会对孩子有更加清晰、准确的了解。

第四，家长还要明白，兴趣虽然往往隐藏着孩子的优势秘密，但兴趣并不一定代表能力，孩子对某种事物感兴趣，也不一定在这方面就有过人之处，如孩子喜欢足球，但不代表他踢球的天分一定很高。

第五，孩子的兴趣，在不同的年龄阶段可能有所不同。家长要练就一双慧眼，善于发现孩子真正的志趣所在，才能找到打开孩子人生之门的钥匙。

第三法则：能力法则

能力，是人们表现出来的解决问题可能性的个性心理特征，是完成任务、达到目标的必备条件。能力直接影响活动的效率，是活动顺利完成的最重要的内在因素。“优势型家长”应该根据孩子的能力特点，有针对性地确定孩子的人生方向。

能力总是和人们完成一定的活动相联系在一起的，是人们在完成一项目标或者任务中所体现出来的素质，是在完成活动中表现出来的有所不同的能力。

能力的分类

以能力在所表现活动领域的不同来划分，可以分为一般能力和特殊能力。

一般能力是指在进行各种活动中必须具备的基本能力。它保证人们有效地认识和改造世界，也称智力。智力包括个体在认识活动中所必须具备的各种能力，如感知能力（观察力）、记忆力、想象力、思维能力、注意力等。

特殊能力又称专门能力，是顺利完成某种专门活动所必备的能力，如音乐能力、绘画能力、数学能力、运动能力等。一般能力是特殊能力的组成部分，特殊能力又促进一般能力的强化。

各种能力并不是简单地并列存在，而是相互联系、相互影响、相互融合的，各种能力的最完备的组合，才能使人创造性地完成某种或多种活动。

能力的差异

第一，能力类型的差异。每个人所具有的能力都不仅仅是一种，而是多方面的。对于一个人来说，在他所具有的多种能力中，总有相对来说较强的能力，也有一般的能力和较差的能力，即每个人的能力，都是多种能力以特定的结构结合在一起的。

第二，能力水平的差异。能力水平的差异，是指人与人之间各种能力的发展程度不同，所具有的水平不同。按能力水平的差异可以分为四个等级。

1. 能力低下。轻者只能从事一些较简单的活动，重者即为弱智，丧失活动能力，甚至连生活也不能自理。

2. 能力一般。即所谓“中庸之才”，有一定的专长，但是只限于一般地完成活动。

3. 才能。即具有较高水平的某种专长，具有一定的创造力，能较好地完成活动。

4. 天才。即具有高水平的专长，善于在活动中进行创造性思维，能够取得突出而优异的活动成果，达到常人难以达到的程度和水平。据调查，能力水平在人群中的分布是：能力低下者和天才极少，能力一般者占绝大多数，才能者较少。

第三，能力表现的差异。人们的能力表现在时间上是存在差异的。有些人在童年时期就表现出某些方面的优异能力，即所谓的“早熟”，也有些人在中老年时期才表现出自己的能力。

我国唐初的诗人王勃，10岁能赋，少年时写了著名的《滕王阁序》。但也有些人的才能一直到很晚才表现出来，这就是所谓的“大器晚成”。例如，我国画家齐白石40岁才表现出他的绘画才能；达尔文在50多岁时才开始有研究成果，写出名著《物种起源》一书。造成这种现象的原因是多方面的，可能是由于这些人在早期没有学习或表现自己能力的机会；也可能是早期智力平常，但经过长期的勤奋努力，能力有了明显的提高。

能力的测评

霍华德·加德纳是著名教育心理学家，最为人知的成就是“多元智能理论”，被誉为“多元智能理论”之父。《纽约时报》称他为美国当今最有影响力的发展心理学家和教育学家。

加德纳认为过去对智力的定义过于狭窄，未能正确反映一个人的真实能力。他认为，人的智力应该是一个量度他的解题能力（ability to solve problems）的指标。根据这个定义，他在《心智的架构》这本书里提出，人类的智能至少可以分成八个范畴：

1. 语言（Verbal/Linguistic）
2. 逻辑（Logical/Mathematical）
3. 空间（Visual/Spatial）

4. 肢体运作（Bodily/Kinesthetic）

5. 音乐（Musical/Rhythmic）

6. 人际（Inter - personal/Social）

7. 内省（Intra - personal/Introspective）

8. 自然探索（Naturalist）

这八个范畴的内容具体如下：

语言智能： 这种智能主要是指有效地运用口头语言及文字的能力，即指听说读写能力，表现为个人能够顺利而高效地利用语言描述事件、表达思想并与人交流的能力。这种智能在作家、演说家、记者、编辑、节目主持人、播音员、律师等职业上有更加突出的表现。

逻辑数学智能： 从事与数字有关工作的人，特别需要这种有效运用数字和推理的智能。他们学习时靠推理来进行思考，喜欢提出问题并执行实验以寻求答案，寻找事物的规律及逻辑顺序，对科学的新发展有兴趣。

空间智能： 空间智能强的人对色彩、线条、形状、形式、空间及它们之间关系的敏感性很高，感受、辨别、记忆、改变物体的空间关系并借此表达思想和情感的能力比较强。空间智能可以划分为形象的空间智能和抽象的空间智能两种能力。形象的空间智能为画家的特长。抽象的空间智能为几何学家特长。建筑学家形象和抽象的空间智能都擅长。

肢体运作智能： 善于运用整个身体来表达想法和感觉，以及运用双手灵巧地生产或改造事物的能力。这类人很难长时间坐着不动，喜欢动手建造东西，喜欢户外活动，与人谈话时常用手势或其他肢体语言。他们学习时是透过身体感觉来思考。运动员、舞蹈家、外科医生、手艺人都有这种智能优势。

音乐智能： 这种智能主要是指人敏感地感知音调、旋律、节奏和音色等能力，表现为个人对音乐节奏、音调、音色和旋律的敏感以及通过作曲、演奏和歌唱等表达音乐的能力。这种智能在作曲家、指挥家、歌唱家、乐师、乐器制作者、音乐评论家身上都有出色的表现。

人际智能：人际关系智能，是指能够有效地理解别人及其关系，以及与人交往的能力，一般包括四大要素。①组织能力，包括群体动员与协调能力。②协商能力，指仲裁与排解纷争能力。③分析能力，指能够敏锐察知他人的情感动向与想法，易与他人建立密切关系的能力。④人际联系，指对他人表现出关心，善解人意，适于团体合作的能力。

内省智能：这种智能主要是指认识到自己的能力，正确把握自己的长处和短处，准确把握自己的情绪、意向、动机、欲望，对自己的生活有规划，自尊自律，会吸收他人的长处。这种智能在优秀的政治家、哲学家、心理学家、教师等人员那里，都有出色的表现。

自然探索智能：能认识植物、动物和其他自然环境（如云和石头）的能力。自然智能强的人，在打猎、耕作、生物科学上的表现较为突出。自然探索智能应当进一步归结为探索智能。包括对于社会的探索和对于自然的探索两个方面。

多元智能理论的案例及启示

以下是一个小学老师在语言教学中，成功应用加德纳多元智能理论“视觉—空间智能”的一个案例。

所谓视觉—空间智能，是指人们利用三维空间的方式进行思维的能力，通俗地说就是指那种把外在空间的影像“具体化及立体化”的能力。一般空间智能高的人，都是善于掌握空间、形状、线条、色彩，还能创造或解释图形信息的人。建筑师、设计师、雕刻家、画家等都是空间智能较高的人。

上学期在我任教的班级有个从外地刚转来的女孩，她的空间智能比较发达，平日能说会道，能唱会跳，她演的小猪小狗绘声绘色，她画的花花草草栩栩如生。平时同学们都很爱在她身边凑，因为她总能想办法把别人逗乐。按说这样的孩子应该是很有灵性的，但是开学初期，她的父母就对我说：孩子自小基础差，语文数学成绩都不好，学习上实在“不太聪明”，还说她很讨厌、很害怕上英语课，现在到了四年级，只怕是越学成绩越跟不上了。

我仔细观察了一下，发现她真像他父母说的那样：上课总是与课后形成鲜明的对比。每节英语课，她都是静静地坐在座位上，好像老师讲的知识和她没有一点关系。我曾多次鼓励她勇敢发言，但她总是羞涩地摇头，说得多了，她就自卑地低下头，再不敢抬头看我了。

这天下午我在批改学生的英语考试卷，发现她的卷子几乎是空白。

我把她找到办公室来。试卷不难，大部分都是单词，记单词是小学高年级英语的一项主要任务呀。“你回家练单词了吗？”“练了。”她小声地说。“真的练了吗？怎么还错的这么多？”“我真的练了。”她涨红了脸跟我解释，随即又低下头“就是练不会。”认真练了还能不会？我有些生气了，但看到她的表情，我又把火气压了压。“你是怎么练的？”“我一遍遍地写，就是记不住，有时还把单词的意思混了。”原来她把几个颜色的单词搞混了。

我沉思地打量着眼前的孩子，没说话。在其他方面那么有天赋的一个孩子，却在背英语单词这方面有这么大的障碍，如果我还是批评她，让她继续用她的方法死记硬背，她永远也不会对英语感兴趣，自然是越学越差。天天说让孩子主动发展主动学习，却不知道孩子连最基本的学习技能都没掌握。就让一切从现在开始吧！死记硬背对她来说效果等于零，那么什么方法对她有效呢？我突然想到有一次看她的积累本，整理得特别漂亮，在搜集的材料旁边还能配上能表示合适意思的画，看看很有意思的。我忽然想起校长曾讲给我们听的多元智能教学实例中，那个用舞蹈表达文字意思的姑娘。何不一试？我递给她一张纸片，一盒彩笔。她惊讶地看着我。“你很会画画的，老师很爱看你的画。今天我们就用这些彩笔来记住这些表示颜色的单词，好不好？”

“行。”她明白了我的意思，一脸欣喜。“你先用这些单词表示的颜色，来画你喜欢的画。”于是，长长的绿绸子、蓝色的衣服、白色的纸飞机、红色的苹果、黄色的梨，六种彩色的气球，寥寥几笔便在她的手中诞生了。“你画得太棒了，现在你一边画绿绸子，一边说‘green’。”很快这个单词她就掌握了。“用这种方法再来试试其他单词。”一会工夫，她说都记住了。“现在咱们来考一考，别害怕，脑子里就想想你刚才画的这些东西。”20分钟我帮她记住了以前她一个小时都难记住的10个单词。“听说你的表演也很棒，以后你还可以用表演的方法来记对话和课文。”

“今后，你能经常在脑子里画一些画儿，想一些你感兴趣的画面，来帮助学习吗？它可是你最拿手的。”我及时加以鼓励。

一次偶然的成功，带给我很多启示。这个案例中，我把发展良好的空间智能——画画，引入到强调语言智能的教学中，以形象直观的简笔画，帮助学生理解记忆抽象的单词。

多元智能理论指导教学的一个小小事例，使我感慨万千。它充分说明了每个孩子都是鲜活的个体，每个人或多或少都拥有各项智能，只是达到的程度不同而已。我们教育工作者应该为孩子提供更好的学习途径，让他们更多地享受成功，帮助他们找到最适合自己的学习方式，使他们发展多方面的潜能。

加德纳认为在人的一生中，人的八种智能不断受先天及后天的影响，或开启或关闭，而教育最主要的目的，不只是在知识的传授上，更是在发掘并引领这些智能的发展上。加德纳的理想中，未来学校的工作是帮助学生根据自己特有的智能类型、目标和兴趣，选择特定的课程和特殊的学习方法。

多元智能理论自提出以来，已在全球教育界引起强烈关注。在我国，有专家认为，多元智能理论是我们长期以来一直在努力推崇的素质教育的最好诠释。呼唤有智慧的教育，培养有个性的学生，已经成为当今我国教育改革的主旋律。素质教育强调的是让全体学生在德智体几个方面都能够得到全面的发展。从发展的对象看，是全体学生而不是少数“精英”或“尖子”学生；从发展的内容看，是素质的所有方面而不是某一方面的片面发展。多元智能理论的观点与素质教育相互呼应，不仅与素质教育体现出一致，而且还对它做出了理论的诠释和解答。

首先，按照加德纳的多元智能理论，世界上没有两个人具有完全相同的智能组合。这个理论的创新之处在于提出了“智能多元化”的新认识。学生之间的差别，不是智商高低、聪明与否的差别，而是智能类型、智能强项是什么的差别。对于每一个学生来说，不存在谁比谁更聪明的问题，只存在谁在哪一个领域、哪一个方面更擅长的问题。如果每个人都能用自己最擅长的智能或智能组合来学习课程，都会取得理想的效果。因此，教育必须充分尊重学生的智能差异，走出传授和掌握知识的误区，而以开发和培养学生的智慧潜能、完善学生的人格、实现全体学生的发展为目的。

其次，每个人各项智能的发展表现出不同的优势或优势组合，即每个学生的智能强项是不相同的，多元智能理论体现出来的每个个体的全面发展，并不是在德智体诸方面均衡的、同步的发展，而是每一个学生在智能强项带动下的个性化发展。“每个学生都有一种或数种优势智能，只要教育得法，每个学生都能成为某方面的人才，都可能获得某方面的专长。”

这一点带给教育的启示是教育的作用应该是扬长，而不是避短。因此，教育要取得成功，应根据智能的多元性，实施因材施教，发挥每个学生的潜力，使拥有不同天资和强项的学生都能够得到最适合其自身特质的发展，使每个学生都成为“术业有专攻”的人才。

优势型家长要有意识地观察并发现孩子的能力特点，并根据其能力特点，帮助孩子进行准确的人生定位。

能力法则对家长的提醒和建议

第一，家长应该认识到，自己的孩子不管能力强弱，都有与其他孩子不一样的能力特点，并且总有一项优秀的能力，就看能不能被挖掘出来。

第二，过去人们对能力的界定非常局限。比如语文好算是智力好，数学好也算能力强，但体育好就不一定了。在学习了加德纳的多元智能理论以后，家长们应该了解，人的能力至少可以分为八种，具体为：

- 语言能力，如周立波、郭德纲以及优秀的相声演员都是语言能力强的人
- 逻辑能力，很多科学家都是逻辑能力强的人，优秀的律师也需要具有很强的逻辑能力
- 空间能力，优秀的建筑设计师需要有很强的空间想象能力
- 肢体运作能力，如NBA的球星乔丹、詹姆斯等都是有很强肢体运作能力的人

- 音乐能力，音乐能力很大程度上来自遗传，如苏珊大妈、张靓颖等都是有很强音乐能力的人
- 人际能力，很多社会活动家、企业家以及政府领导人都有很强的人际能力
- 内省能力，灵修人士、哲学家等在内省方面都有很强的能力
- 自然探索，对大自然的探索也是一种能力的体现，如达尔文就有着很强的自然探索能力

第三，明白了多元智能的道理，家长就应该根据孩子的能力特点，有针对性地加以培养。如果孩子数学、语文不好，反而对钢琴有悟性，就应该往音乐这个方向发展；如果孩子身体条件特别出色，就可以考虑往体育这个方向发展。

总之，现在是一个价值多元的时代，也是一个能力多元的时代，只要孩子喜欢，只要孩子在这方面有天分，家长就应该创造条件让孩子往这个方向发展。这样，孩子的能力就能得到充分释放，孩子的人生价值就能得到最大化的实现。

第四法则：性格法则

性格是指表现在人对现实的态度和相应的行为方式中的比较稳定的、具有核心意义的个性心理特征，是一种与社会相关最密切的人格特征。“优势型家长”培养孩子，应该了解孩子的性格特点，让孩子“顺应”自身的性格特点去发展。

性格的概念非常复杂。性格，不仅受遗传因素的影响，更为重要的是，环境是性格发展形成的一个决定性因素。环境的作用主要是通过家庭、学校、社会活动圈子以及工作实践来发生作用的，而且包括的范围也很广。它作为个性中具有核心意义的成分，几乎涉及人的心理过程和个性特征的各个方面。

由于性格不同，每个人对待工作和职业的态度也不同。性格对人的事业能否成功具有重大影响。在选择职业时，应该根据自己的性格，选择适合的职业和工作。

人与人之间的性格差异

人与人之间的性格大不相同，主要差异表现在以下五个方面：

第一是性格的态度特征。在对待社会、集体、他人的态度上，在对待工作、劳动、学习的态度上，在对待自己的优点和缺点的态度上各不相同。

第二是性格的气质特征。每种类型的气质都可以形成不同的性格，胆汁质、多血质、黏液质、抑郁质的人各有特色。

第三是性格的理性特征。表现在以思维为核心的智力活动上，如主观性与客观性，主动性与被动性，精细性与粗略性，深刻性与肤浅性，广阔性与狭隘性，严谨性与轻率性等差异。

第四是性格的情绪特征。如反应有快慢，体验有深浅，表现或强或弱，保持或长或短，心平气和与焦躁愤怒，乐观开朗与抑郁低沉，慷慨激昂与冷淡消沉等差异。

第五是性格的意志特征。如独立性与依赖性，自觉性与盲目性，果断性与犹豫性，坚持性与动摇性，自律性与任性，勇敢与怯懦，顽强与脆弱等差异。

性格类型的划分

性格的类型是指一类人身上所共有的性格特征的独特结合。按一定原则和标准把性格加以分类，有助于了解一个人性格的主要特点和揭示性格的实质。现将有代表性的观点加以介绍：

以心理机能优势分类。这是英国的培因(A. Bain)和法国的李波特(T. Ribot)提出的分类方法。他们根据理智、情绪、意志三种心理机能在人的性格中所占优势不同，将人的性格分为理智型、情绪型、意志型。除了这三种典型的类型外，还有一些混合类型，如理智—意志型，在生活中大多数人是混合型。

以心理活动的倾向分类。这是瑞士心理学家荣格(C. G. Jung)的观点。荣格根据一个人里比多的活动方向来划分性格类型，里比多指个人内在的、本能的力量。里比多活动的方向可以指向于内部世界，也可以指向外部世界。前者属于内倾型，其特点是处世谨慎，深思熟虑，交际面窄，适应环境能力差；后者为外倾型，其特点是心理活动倾向于外部，活泼开朗，活动能力强，容易适应环境的变化。这种性格类型的划分，在国外已经应用于教育和医疗等实践领域。

以个体独立性程度分类。美国心理学家威特金（H. A. Witkin）等人根据场的理论，将人的性格分成场依存型和场独立型。前者也称顺从型，后者又称独立型。场依存型者，倾向于以外部参照物作为信息加工的依据，他们容易受环境或附加物的干扰，常常不加批评地接受别人的意见，应激能力差；场独立型的人不易受到外来事物的干扰，习惯于更多地利用内在参照即自己的认识来辨别事物，他们具有独立判断事物、发现问题、解决问题的能力，而且应激能力强。

以人的社会生活方式分类。德国的心理学家斯普兰格（E. Spranger）从文化社会学的观点出发，根据人认为哪种生活方式最有价值，把人的性格分为六种类型，即经济型、理论型、审美型、宗教型、权力型、社会型。经济型的人，一切以经济观点为中心，以追求财富、获取利益为个人生活目的。实业家多数属于此类。理论型的人，以探求事物本质为人的最大价值，但解决实际问题时常无能为力。哲学家、理论家多属于此类。审美型的人，以感受事物美为人生最高价值，他们的生活目的是追求自我实现和自我满足，不大关心现实生活。艺术家多属于此类。宗教型的人，把信仰宗教作为生活的最高价值，相信超自然的力量，坚信永存生命，把爱人、爱物作为行为标准。神学家是此类人的典型代表。权力型的人，以获得权力为生活的目的，并有强烈的权力意识与权力支配欲，以掌握权力为最高价值。领袖人物多属于此类。社会型的人，重视社会价值，以爱社会和关心他人为自我实现的目标，并有志于从事社会公益事务。文教卫生、社会慈善等职业活动家多属于此种类型。现实生活中，往往是多种类型的特点集中在某个人身上，但常以一种类型特点为主。

以特质论分类。特质是指个人的遗传与环境相互作用而形成的对刺激发生反应的一种内在倾向。美国心理学家奥尔波特最早提出人格特质学说。他认为，性格包括两种特质：一是个人特质，为个体所独有，代表个人的行为倾向；二是共同特质，是同一文化形态下人们所具有的一般共同特征。美国另一位心理学家卡特尔根据奥尔波特的观点，采用因素分析法，将众多的性格分为两类特质，即表面特质和根源特质。表面特质只反映一个人外在的行为表现，是直接与环境接触、常随环境变化而变化的，不是特质的本质。经研究，他把性格概括为35种表面特质。根源特质是一个人整体人格的根本特征，每一种表面特质都来源于一种或多种根源特质，而每一种根源特质也能影响多种表面特质。他通过多年的研究，找出16种根源特质。它们是乐群性、聪慧性、稳定性、支配性、怀疑性、兴奋性、有恒性、敢为性、敏感性、幻想性、世故性、忧虑性、实验性、独立性、自律性、紧张性。根据16种各自独立的根源特质，卡特尔设计了卡特尔16种人格因素问卷，利用此量表可以判断一个人的行为反应。

不论哪一种性格，都是在一定的社会历史条件下，在长期的社会实践中逐步形成的。性格一旦形成就比较稳固，这种比较稳定的对现实的态度和行为方式贯穿在人的全部行为活动中。即使如此，性格仍然是可以改变的，一个人为了能够更好地适应环境，其性格特征或多或少地会随着生活条件的明显变化而在某种程度上发生相应的变化，这就是性格特征的可塑性。这种性格的改变并不都是被迫的，人一旦意识到现实的要求，就可以自觉地来塑造自己的性格。

性格的重要性

东方古语云："积行成习，积习成性，积性成命。"西方也有名言："播下一个行为，收获一种习惯；播下一种习惯，收获一种性格；播下一种性格，收获一种命运。"可见，性格对一个人一生的重要性。

从下面的案例中，可以充分说明性格的重要性。

有位美国记者采访晚年的投资银行一代宗师J·P摩根，问："决定你成功的条件是什么？"老摩根毫不掩饰地说："性格。"记者又问："资本和资金何者更为重要？"老摩根一语中的答道："资本比资金重要，但最重要的还是性格。"

1998年5月，华盛顿大学350名学生有幸请来世界巨富巴菲特和盖茨演讲，当学生们问道："你们怎么变得比上帝还富有？"这一有趣的问题时，巴菲特说："这个问题非常简单，原因不在智商。为什么聪明人会做一些阻碍自己发挥全部工效的事情呢？原因在于习惯、性格和脾气。"盖茨表示赞同。

无论是在工作和生活中，都是性格决定命运。性格好比是水泥柱子中的钢筋铁骨，而知识和学问则是浇筑的混凝土。

性格决定着一个人的交际关系、婚姻选择、生活状态、职业取向以及创业成败，等等，从而整体决定着一个人的命运。因此，成功与失败无一不与性格有着密切的关联，性格决定着人的一生是失败、平庸，还是幸福快乐、功成名就。

性格是一种无形的力量，更是一种资产。只要能扬长避短，选择最适合自己性格与特长的事情去做，就一定会取得成功。一个人的性格决定了他对各种事物的不同态度，最后得出不同的结果，从而产生不同的人生境遇。如果你热衷于政治，那就不要去从事艺术事业；如果你倾心于艺术，那就远离政治吧。原因很简单，如果不顺应性格，做出违背性格的选择，就会在与自身相悖的环境中吃尽苦头，郁郁寡欢。

成也性格，败也性格。好性格成就你的一生，坏性格毁掉你的一生。正如西班牙大文学家塞万提斯说："每个人的命运都是由自己的性格决定。"

顺应自身的性格，你就能找到成功的道路；逆着自己的性格，你将与成功绝缘。一个人有属于自己的性格，每种性格都有其擅长的职业。性格无好坏，无论哪一种性格，你都应接受它并发挥自己的天性，才能肩负起上苍所赋予的使命，轻松开启通往成功的大门。

性格与职业的关系

性格往往是通过职业来决定一个人的命运。

如果让一个粗心的人做会计，是不是会一团糟？其实孩子选专业问题也完全是这个道理，会计专业的人就要求细心、有条理，如果不是这种性格类型的人，即使用心学习，恐怕也好不到哪里去。

性格和职业或者专业有着天然的本质联系，在我们看来非常简单的道理，在现实生活中却是有那么多的人就是不知道！

世界上关于划分性格类型的理论有很多种，MBTI 性格类型理论是目前国际上最权威、最普遍使用的理论，已被翻译成十多种文字。近年来，全世界每年有 200 多万人次接受 MBTI 测试。据统计，世界前一百强公司中有 89% 的公司引入使用 MBTI 作为员工和管理层自我发展、改善沟通、提升组织绩效的重要方法。

MBTI 性格理论始于著名心理学家荣格的心理类型学说，后经美国的 Katharine Cook Briggs 与 Isabel Briggs Myers 深入研究而发展成型。MBTI 性格类型揭示了一个人深层的“本我”、真实的我、自我的核心，最本能、最自然的思维、感觉、行为模式，而不是在别人面前所表现出来的表面的性格特征。一个人的 MBTI 性格类型是由遗传、成长环境决定的，约 25 岁以后，性格类型很难改变，只有性格偏好的程度会随着年龄的增长而有所变化。

根据 MBTI 性格类型理论，我们每一个人在出生的时候都有一个性格偏好，这个偏好可以体现在下面四个维度上：

（1）态度倾向：Extraversion（E）——Introversion（I）外向/内向

（2）接受信息：Sensing（S）——— Intuition（N）感觉/直觉

（3）处理信息：Thinking（T）——— Feeling（F）思考/情感

（4）行动方式：Judging（J）——— Perceiving（P）判断/知觉

因每个维度都有两个相对的偏好，因此一共有 8 个偏好，这 8 种偏好两两组合，共有 16 种性格类型。

为了让读者更容易地学习 16 种性格类型的特点，我们把 16 种性格类型划分为 4 个易于记忆的组合，称作气质类型。

直觉情感型气质（NF）：据统计，美国人口中约 12% 的人具有这种气质。他们是生活中的理想主义者，深受大家喜爱，他们希望为推进人类利益的目标服务，如献身教育、人文、医药等事业。同时，他们坚守自己的理想，不轻易动摇。

直觉思考型气质（NT）：据统计，美国人口中约 12% 是 NT。他们挑战权威，不盲目服从。对于什么是“能力”，他们有自己的标准和参照，并以此来衡量他们自己和其他的人。他们总是不断提出质疑，出于对完美或者优秀的追求，他们能敏锐察觉到自身或他人的缺点，并急于克服。在别人眼中，他们通常都显得不近人情，过分理智、自命不凡。

感觉判断型气质（SJ）：据统计，美国人口中此类气质的占了38%。SJ在搜集信息时讲求实用、真实，而且喜欢把这些信息组织成一个整体。他们往往是社会的基础和中间力量。他们值得信任、忠诚、乐于助人、勇敢、规矩，而又虔诚。

感觉知觉型气质（SP）：据统计，在美国人口中，这一类人占了约38%。SP在搜集信息时讲求实用、真实，在运用这些信息时顺其自然、灵活机变。

下面重点看一下MBTI在现实职业中的具体应用。

首先，看一下职场中的性格分布图，不同的行业，有着各自独特的性格类型分布（这一点很少被国内关注），具体如下：

性格类型 职业	感觉思考型 ST/%	感觉情感型 SF/%	直觉情感型 NF/%	直觉思考型 NT/%
会计	64	23	4	9
销售、客户关系	11	81	8	0
作家、撰稿人	12	0	65	23
自然和工科的科研人员	0	0	23	77
银行系统、金融从业人员	47	24	11	18

源自Mackinnon（1962）和Lancy（1949）

表中列举了五个典型的职业：会计、销售和客户关系人员、作家和撰稿人、自然和工科的科研人员、银行系统和金融从业人员。我们发现，五个职业的从业人员中，最突出的性格类型是不同的：

在会计职业中，感觉思考型（ST）性格的人占据了64%，是最主要的性格群；

在销售人员和客户关系职业中，最主要的性格群，是感觉情感型

（SF）性格的人，达到了81%；直觉思考型（NT）性格的人的比重是0，几乎没有从事这个职业的；

在作家和撰稿人职业中，直觉情感型（NF）性格的人占了65%，是最重要的性格群。感觉情感型（SF）性格的人似乎于这个职业无缘，在统计表中是0；

在理工的科研人员中，77%的人都是直觉思考型（NT）的性格，值得注意的是，感觉思考型（ST）和感觉情感型（SF）的性格，竟然是0；

在银行和金融从业人员中，47%的人是感觉思考型（ST）的性格。

这个统计发现，是美国麦克金农博士在1962年公布的。为什么会有这样的性格分布呢？因为，人的职业选择，是基于集体无意识的性格类型，有两大性格因素影响着人们的择业，第一是感觉或直觉因素；第二是思考或情感因素，具体如下：

性格类型	感觉型（S）	直觉型（N）	思考型（T）	情感型（F）
择业态度	重视工作的稳定性	重视工作本身的创新和开拓价值	偏重逻辑思维和抽象理论	偏重处理人际关系

值得注意的是，每个职业中的主要性格群，集中了业绩最出色，升迁最快的职场精英，也就是说，如果性格类型和职业岗位相匹配，那么，你就会找到取得事业成功的通畅大道。

性格与专业的关系

再看一下大学专业上的性格分布，大学的专业设置，都对应着相应的就业岗位，因此，选择“专业”就是选择“职业”的基础和起步。

是不是哪个行业薪酬最高，就要选择对应的专业呢？当然不是，我们只有根据孩子的性格类型，充分发挥孩子的性格优势和长处，再借助后天的积极训练，才能有力地帮助孩子的发展：

性格类型 / 大学本科专业	感觉思考型 ST/%	感觉情感型 SF/%	直觉情感型 NF/%	直觉思考型 NT/%
财经贸易	51	21	10	18
医学护理	15	44	34	7
数理化	12	5	26	57
临床医学	13	42	39	6
师范教育	13	42	39	6
体育	32	34	24	10
新闻	15	23	42	20

源自 Mackinnon（1962）和 Lancy（1949）

大学本科专业学生的性格分布表，深刻揭示了一个非常重要的事实：学生的专业和自身的性格存在着非常紧密的关系，这种联系又有着客观的规律。

第一，性格优势和专业的关系

财经贸易专业的学生，72% 属于感觉型（S），51% 属于“感觉思考型”（ST）；

医学护理专业的学生，59% 属于感觉型（S）；

师范专业的学生，81% 属于情感型（F）；

这表明，财贸和护理专业，更适合“感觉型”（S）的学生学习，并且，他们容易在这两个方面取得很好的成就。而“情感型”（F）学生更符合师范专业的要求，因为 81% 的学生属于这个性格类型。

数理化专业，83% 的学生属于“直觉型性格”（N），57% 属于

“直觉思考型”（NT）；

新闻专业，62%的学生属于“直觉型性格”（N）；

这表明，数理化和新闻专业，更适合“直觉型”（N）的学生学习，他们在这两个专业上更容易获得良好的职业回报，体现个人价值。

第二，性格劣势和专业的关系

数理化专业，只有5%的学生是“感觉情感型”（SF）的性格，如果一个学生是这个类型的性格，那么，选择数理化专业就要非常慎重。

感觉情感型（SF）性格，则非常适合医学护理（44%）、医学临床（42%）和师范教育（42%），他们会在这三个专业上取得很好的成绩，并且在对应的职业岗位上有不俗的表现。

在医学护理专业，只有7%的学生，是“直觉思考型”（NT）性格，这说明，这个类型的学生很难在医学护理专业上实现个人价值。直觉思考型（NT）性格，还不适合选择医学临床（6%）和师范教育（6%），在这两个专业上，学生会遇到很大困难。

直觉思考型（NT）非常适合数理化专业（57%），他们的性格会助力他们的学业取得骄人的成绩，并且，在今后的就业选择上，对偏重逻辑推理，或有技术要求的岗位，非常擅长。

下面是研究生专业的性格分布表，以文科和法律为例：

性格类型 / 研究生专业	感觉思考型 ST/%	感觉情感型 SF/%	直觉情感型 NF/%	直觉思考型 NT/%
文科	3	15	57	25
法律	31	10	17	42

这个表，也非常形象地体现了性格和专业的关系。

情感型（F）性格的特点是：不愿意计较对错是非，不喜欢零和博弈，反感分出谁胜谁负，是非对错。那么，他们肯定不适合法律专业的起码要求（27%），而思考型（T）性格，则是法律专业的主流（73%）。

而作为对比，情感型（F）性格却适合文科专业（72%），而思考型（T）则只占了28%，这个分布是百分数，实实在在地反映了两大基本气质的性格差异。

总而言之，性格优势和职业和专业有着极为密切的关系。一个人的性格如果匹配职业或专业，就能发挥出巨大的能量，反之，则很难有大的作为。

所以，优势型家长应该根据孩子的性格特点，帮助其对学业及工作进行合理规划，发现优势，找准定位，突破自我，方能获得成功。

性格法则对家长的提醒和建议

第一，家长要从思想上深刻地认识到“性格决定命运”的重要性。培养孩子、帮助孩子塑造一个好的性格，这才是家长留给孩子最为宝贵的财富。

第二，其实，“性格决定命运”，这句话只说对了一半，实际上一个人的性格是通过职业释放能量的。所以，我们认为比较完整的说法是：只要找准职业，每种性格都是好的性格，每种性格都能成功！

第三，家长了解孩子的性格以后，应该顺应孩子的性格去寻找适合孩子的专业和职业，而不是去改造孩子的性格。俗话说：“江山易改，本性难移。”一个人喜欢说话，喜欢表达，当老师向学生传授知识就非常合适；一个人不善言谈，性格内向，当程序员专注于IT技术就非常合适；而没有必要将以上两个人的工作颠倒。所以，职业服从性格比性格服从职业更重要！

第四，一个人性格的形成原因非常复杂，总体上而言是“先天与后天的合金”，即一半来自先天遗传，一半来自后天环境的影响。优势型家长除了帮助孩子发现自身的性格优势和长处外，还应该帮助孩子改掉性格中那些不好的部分，不断优化孩子的性格。

第五法则：价值观法则

价值观是指个人对客观事物及对自己的行为结果的意义、作用、效果和重要性的总体评价，是对什么是好的、是应该的总看法，是推动并指引一个人采取决定和行动的原则和标准，是个性心理结构的核心因素之一，它使人的行为带有稳定的倾向性。优势型家长培养孩子，应该帮助孩子逐渐建立起正确的价值观体系。

价值观是人用于区别好坏，分析是非及其重要性的心理倾向体系。它反映人对客观事物的是非及重要性的评价，人不同于动物，动物只能被动适应环境，人不仅能认识世界是什么、怎么样和为什么，而且还知道应该做什么、选择什么，发现事物对自己的意义，设计自己，确定并实现奋斗目标。这些都是由每个人的价值观支配的。

价值观是人的动机和行为模式的统帅。人的价值观建立在需求的基础上，一旦确定则反过来影响和调节人的需求活动。人们对各种事物，如学习、劳动、享受、贡献、成就等，在心目中存在主次之分，对这些事物的轻重排序和好坏排序构成一个人的价值观体系。价值观体系是决定一个人行为及态度的基础。价值观受制于人生观和世界观，一个人的价值观是从出生开始，在家庭和社会的影响下逐渐形成的，一个人价值观的形成受其所处的社会生产方式及经济地位的影响，是决定性的，在一定程度上是不可逆的。具有不同价值观的人会产生不同的态度和行为。

价值观是一种内心尺度，它支配着人的行为、态度、观察、信念、理解等，支配着人认识世界、明白事物对自己的意义和自我了解、自我定向、自我设计等；也为人们自认为正当的行为提供充足的理由。

价值观的特点和作用

（1）价值观是因人而异的。由于每个人的先天条件和后天环境的不同，人生经历也不尽相同，每个人价值观的形成会受到不同环境的影响。因此，每个人都有自己独特的价值观和价值观体系。在同样的客观条件下，具有不同价值观和价值观体系的人，其动机模式不同，产生的行为也不同。

（2）价值观是相对稳定的。价值观是人们思想认识的深层基础，它促使人们形成了与之相应的世界观和人生观。它是随着人们认知能力的发展，在环境、教育的影响下，逐步培养而成的。人们的价值观一旦形成，便具有相对的稳定性、持久性。

（3）价值观在特定的环境下又是可以改变的。由于环境的改变、经验的积累、知识的增长，人们的价值观有可能发生一些变化。

同时，价值观对人们自身行为的定向和调节起着非常重要的作用。价值观决定人的自我认知，它直接影响和决定一个人的理想、信念、生活目标和追求方向的性质。

价值观的作用大致体现在以下两个方面：

（1）价值观对动机有着导向的作用。人们行为的动机受价值观的支配和制约，在同样的客观条件下，具有不同价值观的人，其动机模式不同，产生的行为也不相同。

（2）价值观反映人们的认知和需求状况。价值观是人们对客观世界及行为结果的评价和看法，因而，它从某个方面反映了人们的人生观和世界观，反映了人的主观认知世界。

人生价值观的分类及内涵

人生价值观是因为不同的人的不同世界观而产生的不同方法论，是人们在认识、评价人生活动所具有的价值属性时，所持有的根本观点和看法。具体可分为人生观、价值观。

人生观，是人们对人生问题的根本看法。主要内容是对人生目的、意义的认识和对人生的态度，具体包括公私观、义利观、苦乐观、荣辱观、幸福观和生死观等。

价值观，是人们对价值问题的根本看法，包括对价值的实质、构成、标准的认识。这些认识的不同，形成了人们不同的价值观。

世界观一方面支配和指导人生观、价值观；另一方面，人生观、价值观又反过来制约、影响世界观。

人生价值是一种特殊的价值，是人的生活实践对于社会和个人所具有的作用和意义。人生价值就是人们从价值角度考虑人生问题的依据。

人生价值的实现及价值量的增减，也是个人人生拼搏的结果。人生价值包含自我价值和社会价值。一个人只有满足社会需求，才能获得自我生存的有利基础。

下面这些名人获奖时的颁奖词充分说明了这一点。

姚明：篮球运动员。他用高超的体育技能，在一个强手如林的国家运动项目中占有了一席之地，成就了很多人的梦想，更成为中国人的骄傲。他出色的表现和随时听从祖国召唤的爱国精神，使他带给人们的思考已经远远超过了体育本身。对祖国的情感，对现在的把握和对未来的期待，都将使他成为中国体育和NBA的历史人物。

杨利伟：中国人民解放军航天员大队三级航天员。那一刻当我们仰望星空，或许会感觉到他注视地球的目光。他承载着中华民族飞天的梦想，他象征着中国走向太空的成功。作为中华飞天第一人，作为中国航天人的杰出代表，他的名字注定要被历史铭记。成就这光彩人生的，是他训练中坚韧执着，飞天时的从容镇定，成功后的理智平和。而这也是几代中国航天人的精神，这精神开启了中国人的太空时代，还将成就我们民族更多更美好的梦想。

钟南山：医生。面对突如其来的SARS疫情，他冷静、无畏，他以医者的妙手仁心挽救生命，以科学家实事求是的科学态度应对灾难。他说："在我们这个岗位上，做好防治疾病的工作，就是最大的政治。"这掷地有声的话语，表现出他的人生准则和职业操守。他以令人景仰的学术勇气、高尚的医德和深入的科学探索给予了人们战胜疫情的力量。

陈忠和：中国女排教练。他带领女排赢得了久违的胜利，而他的贡献不仅仅在于一座阔别了17年的奖杯，更重要的是，他把自己对人生不幸坎坷的生活态度融入到体育事业中，他不仅在教女排姑娘们怎样打球，更在引导女排如何面对人生荣辱，他使女排真正感受到什么是体育的魅力，他使女排姑娘们和他一样，无论面对成功还是失败总能面带微笑。这种微笑发自内心，也因此更加动人。

职业价值观的分类及类型

职业价值观指人生目标和人生态度在职业选择方面的具体体现，也就是一个人对职业的认识和态度，以及他对职业目标的追求和向往。理想、信念、世界观对于职业的影响，集中体现在职业价值观上。

根据不同的划分标准，人们对职业价值观的种类划分也有所不同。美国心理学家洛特克在其所著《人类价值观的本质》一书中，提出13种价值观：成就感、审美追求、挑战、健康、收入与财富、独立性、爱、家庭与人际关系、道德感、欢乐、权利、安全感、自我成长和社会交往。我国学者阚雅玲将职业价值观分为如下12类：

(1) 收入与财富。工作能够明显有效地改变自己的财务状况，将薪酬作为选择工作的重要依据。工作的目的或动力主要来源于对收入和财富的追求，并以此改善生活质量，显示自己的身份和地位。

(2) 兴趣特长。以自己的兴趣和特长作为选择职业最重要的因素，能够扬长避短、趋利避害、择我所爱、爱我所选，可以从工作中得到乐趣、得到成就感。在很多时候，会拒绝做自己不喜欢、不擅长的工作。

(3) 权力地位。有较高的权力欲望，希望能够影响或控制他人，使他人照着自己的意思去行动；认为有较高的权力地位会受到他人尊重，从中可以得到较强的成就感和满足感。

(4) 自由独立。在工作中能有弹性，不想受太多的约束，可以充分掌握自己的时间和行动，自由度高，不想与太多人发生工作关系，既不想治人也不想受治于人。

(5) 自我成长。工作能够给予受培训和锻炼的机会，使自己的经验与阅历能够在一定的时间内得以丰富和提高。

(6) 自我实现。工作能够提供平台和机会，使自己的专业和能力得以全面运用和施展，实现自身价值。

(7) 人际关系。将工作单位的人际关系看得非常重要，渴望能够在一个和谐、友好甚至被关爱的环境中工作。

(8) 身心健康。工作能够免于危险、过度劳累，免于焦虑、紧张和恐惧，使自己的身心健康不受影响。

(9) 环境舒适。工作环境舒适宜人。

(10) 工作稳定。工作相对稳定，不必担心经常出现裁员和辞退现象，免于经常奔波找工作。

(11) 社会需要。能够根据组织和社会的需要响应某一号召，为集体和社会做出贡献。

(12) 追求新意。希望工作的内容经常变换，使工作和生活显得丰富多彩，不单调枯燥。

俗话说："人各有志。"这个"志"表现在职业选择上就是职业价值观，它是一种具有明确目的性、自觉性和坚定性的职业选择的态度和行为，对一个人职业目标和择业动机起着决定性的作用。

以下案例说明了职业价值观决定着人的职业选择。

一个著名的舞蹈演员，事业非常成功，正准备去参加一个国际比赛。可就在前几天，她被确诊为骨癌。她面临着两条路：要么截肢，要么死亡。身为一名舞蹈演员，失去了双腿就像失去了生命。她进退两难。她不愿，可这又有什么办法呢？最终，她选择了辉煌，选择了那一瞬间的美丽。当她站在舞台上时，她步伐轻盈，丝毫看不出她是个有重病在身的人。当她走下舞台时，她再也没有起来。这是一个真实的故事。一生的努力，化身为舞台上的一次演出。

确定职业价值观应当处理好的几种关系

每个人都有自己的职业价值观，并且这种价值观都带有非常强的个人色彩。在确定职业价值观时，应处理好以下关系：

1. 处理好职业价值观与金钱的关系

金钱是劳动的一种报酬，它是在确定职业价值观时首先要面对的问题。有些经济条件不太好的大学毕业生在求职时，将金钱作为首选价值观，从根本上讲这并没有错。但是对于一些人来说，现在拥有的知识、能力、经验和阅历还不足以使其一走上社会就获得大量金钱回报。怀有一夜暴富的心理是不正常的，更是危险的，很容易被社会上的不法分子利用，导致误入歧途。特别是面对严峻的就业形势，更应理性地降低对金钱的期望值，把眼光放远一些，应尽可能地将自我成长和自我实现作为在毕业求职时的首选价值观。

2. 处理好职业价值观与个人兴趣和特长的关系

职业价值观、个人兴趣和特长是人们在择业时需要考虑的最重要的三个因素。在确定价值观时，一定要考虑它是否与自己的兴趣和特长相适应。据调查，如果从事自己不喜欢的工作，有80%的人难以在他选择的职业上成功；而如果选择了自己喜欢的工作则可以充分调动人的潜能，获得职业发展的原动力。

3. 处理好职业价值观的排序与取舍的问题

职业价值观的特性决定人们不会只有唯一的职业价值观，人性的本能也会驱使人们希望什么都能得到，但在现实生活中“鱼和熊掌是不可兼得的”。然而在职业选择中，人们却不能理性对待。既然是选择，就要付出代价，有舍，才有得。所以，要对自己的职业价值观进行排序，找出你认为最重要、次重要的方面，理智地排序取舍，提醒自己不可能什么都得到。否则就会患得患失，终其一生也不清楚自己到底想要什么，更谈不上职业生涯的成功和对社会的贡献了。

4. 处理好职业价值观中个人与社会的关系

人不能离开社会而独立存在，个人只有在工作中为社会做贡献才能实现自己的职业价值。当然我们并不是说要忽略择业中的个人因素，只去尽社会责任，这样不但不利于个人，也是社会的损失。例如，让一个富于科学创造力、不善言辞的学者去从事普通的教师工作，可能使国家损失一项重大的发明，而社会不过多了一个也许并不出色的老师。因此，我们不反对个人的选择与追求，但是，我们也不赞成只为个人考虑、毫不考虑国家和社会需要的自私的职业价值观。

5. 处理好淡泊名利与追逐名利的关系

当一个人有了名利才有资格去谈淡泊，名利是人的欲望使然，欲望可以使人勇攀高峰，成就伟大的事业，也可使人成为欲望的奴隶，甚至自我毁灭。以合理、合法、公正、公平的方式追名逐利，在一定程度上对个人对社会都会有益，但它需要一定的度，该知足时则知足，该进取时则进取。

所以，具有不同职业价值观的人在选择职业时的态度倾向是不一样的。优势型家长应当逐步帮助孩子确立正确的职业价值观，帮助孩子确定未来的职业发展方向！

价值观法则对家长的提醒和建议

第一，价值观，更多的是受到后天环境的影响，这个环境中，家庭占据了重要的地位。我们说，家长是孩子的第一任老师，不但说家长是孩子的榜样，并且是说，家庭氛围对孩子价值观的形成起着决定性的影响。

第二，价值观可以分为人生价值观和职业价值观，人生价值观是对人生重大问题的看法和态度，而职业价值观是对自己职业的看法和态度，职业价值观是一个人的理想、信念、世界观在现实世界落地的载体。

第三，职业价值观一般可以分为12种类型。不同的类型对应的职业有所区别，只有当一个人的职业与自己内心职业价值观相互吻合时，内心才会得到平静与满足。

第四，家长不但要培养孩子的综合素质，同时也要帮助孩子认清自己，理清自己的人生价值观和职业价值观，让孩子未来的职业与职业价值观相吻合，这才是孩子一生幸福的保证和基础。

第六法则：专业法则

孩子在读完高中后，面临人生中一个重要的转折点——考大学。而考大学时，有两个非常重要的战略性问题，就是如何选择专业和院校的问题；人们常说，“选择比努力更重要”，这句话用在高考选择专业和院校上是再合适不过了。可惜，大多数中国的家长对专业及院校选择知识非常欠缺，在这里很有必要了解一下，以帮助孩子做出更好的选择。

中国的家长，在费尽千辛万苦、度过万水千山之后，终于迎来了孩子的高考。

高考中有个非常重要的问题，就是如何选择专业和院校。

那么，首先思考一个问题，到底是专业重要呢，还是院校更重要？

不同的人有不同的回答：有的人说，院校重要，如果考上清华北大，有了这块牌子，学什么专业不再是那么重要了。也有的人说，专业更重要，专业可以跟你一辈子，但院校只是一个“标签”，贴了四年就没人再关注了。

这两种说法都有一定的道理，需要辩证看待。

说院校重要的人，看到的更多的是学校本身的含金量。事实上，学生到了社会上以后，如果你从清华北大毕业，别人的确会高看你一眼；如果从政，一个好的学校确实是一块金字招牌。但是，顶级院校毕竟是少数，从这里毕业的学生相对来说也是少数，现实生活中，从普通院校毕业的学生还是居多。

说专业重要的人，看到的是未来人生发展和专业的关系。毕竟，专业是一个人一辈子的大事，是一个人事业的方向，选择一个适合自己的专业可以让人生“事半功倍”！

我们的观点是，对大多数学生而言，专业相对更加重要，院校其次。首先应该确立自己的专业方向，也就是人生大方向，再根据自己的学习成绩决定报考什么层次的院校。

中国高校的专业分类知识

中国大学专业分类：

我国的高校现行的13个学科门类是：

（1）哲学；

（2）经济学；

（3）法学；

（4）教育学；

（5）文学；

（6）历史学；

（7）理学；

（8）工学；

（9）农学；

（10）医学；

（11）军事学；

（12）管理学；

（13）艺术学。

学科门类下设一级学科，共有110个一级学科（不含军事学）。一级学科下设二级学科，共有375个二级学科。

一级学科是大类，相当于专业。二级学科是下面细分的小类，相当于方向，一般是有水平的学校自己开设的。

一级学科再下设若干二级学科，如数学下设基础数学、计算数学等5个二级学科。博士、硕士学位就是授至二级学科，一般意义上的博硕士点数，指的就是可以授予博士和硕士学位的二级学科的数目。

高考报考专业时，指的是报考一级学科。

研究生报考专业时，指的是报考二级学科。

选择专业时应该注意的问题

我们发现很多孩子在报考大学专业时，通常是考虑家庭经济条件、就业情况、是否是名牌或重点学校、未来的发展前景等因素，而忽略了考生自身的心理特点和潜能优势。

这样选择大学专业存在着很多弊端，使考生在专业学习过程中容易走弯路，甚至会直接影响到考生未来的发展。

鉴于上述的情况，我们认为考生在报考专业时，更重要的是要全面考虑自身的各方面身心因素，包括兴趣、学习某一专业或从事某一职业的内在倾向性、自己各方面的能力发展和优势所在，以及自己的个性特点等，并对这些方面予以全面、综合的考虑。

下面是高考时选择专业的一些原则。

原则一，符合考生的潜能、兴趣、爱好。在影响同学们大学专业学习的潜能因素中，学科兴趣是很重要的一个方面。学科兴趣和感性兴趣不一样，它是一个人从事学习、工作等活动的内在心理需要，也是同学们选择专业的前提和基本保证。如果同学们所学的专业与自己感兴趣的事物相关或一致，就能准确地捕捉到自己的学科兴趣，上大学后就能较快地适应学习生活，否则很有可能会心有余而力不足。

原则二，冷热门专业要兼顾。高考填报志愿，专业冷热一直是考生和家长关注的焦点。但分数高低不是专业冷热的判断标准。专业的冷门热门其实是相对的，对于学生来说，自己感兴趣的专业就是热门专业，这样才有学习的动力，否则勉强学自己不喜欢的专业，既浪费自己的时间也浪费教育资源。同时，随着时代的发展，冷门专业也会变成热门专业，所以专业无所谓冷门热门，兴趣才是选择的关键。

原则三，专业与人生规划联系。要充分考虑到未来就业、发展前途、考研，甚至出国深造等。报考志愿时强调个人兴趣爱好，当你的兴趣爱好与社会发展相一致时，就是最佳选择。

原则四，分析专业，勿望文生义。有些热门专业，社会需求量确实比较大，在一段时间内炙手可热。然而，随着各学校纷纷开设热门专业，缩短了这些专业的热度周期，使原本的长期需求变成了短期需求，就业出现困难。一些在报考时遭“冷眼”的专业，毕业生反而被一抢而光。一些冷门专业名字不好听，但由于竞争较小，就业时相对可能更受宠，所以考生填报志愿不宜望文生义。

下面是选择具体专业的一些建议，家长应该充分了解孩子的特点，根据孩子的优势和长处选择专业方向。

1. 语文：喜欢阅读文学作品，擅长用文字表达思想。

2. 外语：热爱外国文化，容易接受、学习外国文化，喜爱文字和形象记忆。

3. 美术：爱用图形与色彩来表达自己的思想感情。

4. 新闻：关注国内外大事及周围发生的事件，经常发表自己独特的见解。

5. 历史：热衷于了解过去发生的事情，谈论起来津津有味。

6. 法律：长于辩论，逻辑性强，对事物反应迅速，有条理，善分析，冷静且理智。

7. 医学：喜欢了解病症的来龙去脉，对病人有深切的同情。

8. 教育：渴望将自己的知识和才能传授给他人。

9. 化学：爱动手做实验，能够细致地观察事物变化的过程。

10. 生物学：喜欢观察动物和植物的生长变化，了解其内在的发展规律。

11. 物理学：对物理现象的原理和规律感兴趣。

12. 地理：热爱大自然，对自然界的构造和地质变迁规律感兴趣。

13. 数学：喜爱数字游戏、公式的推导、简便运算等。

14. 建筑：喜爱手工、美术设计，长于空间想象和构思。

15. 轻工：对食品、纺织、日用品等生产工艺和流程感兴趣，喜欢从事相关的开发设计工作。

16. 电子技术：对电路设计、开发、维护，尤其是微电子技术有兴趣。

17. 工程：对某些应用领域的工程设计、工程技术研究及具体实施感兴趣。

18. 地质：喜欢从事野外地质考察，对地壳和海洋的地质变迁规律等感兴趣。

19. 交通运输：对车辆、航空和航海等交通工具的管理及相关工程技术问题感兴趣。

20. 农业：爱探究农作物的生长和发育规律、生态农业的开发等。

21. 政治：关心国家命运，爱钻研有助于国家发展的政策措施，善于思考，喜欢哲理和辩论。

22. 经济：热衷于谈论生意，比较务实。

23. 体育：喜爱运动，经常参加户外活动。

24. 音乐：乐感好，喜欢有节奏、有韵律的事物。

中国“高校的分类”及选择建议

中国的大学可以分为三类：

1. 文理综合类以北京大学为代表，包括复旦大学、南京大学、南开大学、武汉大学、厦门大学、中山大学、吉林大学、四川大学等。该类高校就是传统的综合性大学，以文科和理科为主要办学特色。在民间，通常认为该类大学是文科大学。从长期来看，由于没有工科的支撑，该类高校的理科正不断退化，越来越难以抵挡理工科技类高校在理科领域发起的挑战，而理工学科正是促进物质社会变革发展的中坚力量。

2. 理工科技类以清华大学为代表，包括浙江大学、天津大学、同济大学、中南科技大学、中国科技大学等。该类中，清华大学、浙江大学是新中国成立前的理科强校、新中国成立后的工科强校。在理工结合的口号下，清华、浙大向传统的理科领域发展，科大也向工科领域发展，理科与工科类高校之间的界限变得模糊。理工科技类大学正逐渐成为理科领域的主流。

3. 交通军工类以上海交通大学为代表，包括西安交通大学、哈尔滨工业大学、北京航空航天大学、北京交通大学、西南交通大学等。此类高校主要来源于交通大学系统和国防院校系统。

当然，还有通常大家都听说过的211学校、985学校。

“211工程”即面向21世纪，重点建设100所左右的高等学校和一批重点大学。这是我国为落实科教兴国战略而实施的一项跨世纪的战略工程，也是新中国成立以来在高等教育领域进行的规模最大的重点建设项目。“211工程”自“九五”期间立项建设，中央和地方共投入资金180亿元，建设了一批高等院校和重点学科，改善了一批高等学校的教学和科研条件，一批重点学科已成为国家科技创新和高层次人才培养的重要基地。至2011年3月31日，全国共有112所高校，其中华北电力大学、中国石油大学、中国地质大学、中国矿业大学拥有两个校区，实际高校为116所。

1998年5月4日，江泽民总书记在庆祝北大建校100周年大会上向全社会宣告：“为了实现现代化，我国要有若干所具有世界先进水平的一流大学。”为贯彻落实党中央科教兴国的战略和江泽民同志的号召，教育部决定在实施“面向21世纪教育振兴行动计划”中，重点支持北京大学、清华大学等部分高等学校创建世界一流大学和高水平大学，简称“985”工程。

家长对以上院校知识应该有基本的了解，在帮助孩子选择学校时好有的放矢。下面是我们对学生选择院校的一些基本建议。

首先，孩子如果能考上985就上985学校，能读211就读211学校，读好的学校不要过分考虑地方，因为学校名气足够弥补地理位置的不足。

其次，在有条件的前提下，选择一个好地方，经济水平高最好，高校集中一点最好。下面是几个高校比较集中的地方：北部有北京、哈尔滨、天津，西部有西安，靠南一点的地方有武汉、南京、杭州、上海等。

总之，家长和学生一定要明白高考的重要性。人生有几个重要的“转折点”，高考就是其中的一个，高考实际上可以作为学生未来生活标准和人生追求的分水岭。在高考中，专业和院校的选择是战略性问题，需要引起家长和考生的特别重视。

专业法则对家长的提醒和建议

第一，有人说：“人生不是赢在起点上，而是赢在转折点上。”高考是孩子人生中一个重要的转折点，需要引起家长的高度重视。

第二，高考中的战略问题是选择专业和院校。通常而言，应该先考虑专业，再考虑院校。

第三，选择专业时，首先考虑的应该是孩子的兴趣、能力、特长、潜能优势等内在素质。毕竟，专业是事关孩子一辈子的人生大事，虽然有些学生大学毕业后，不去干与自己本专业相关的工作，但这毕竟不是主流；其次，要考虑到该专业的就业前景，也就是说，在毕业时是否容易找到工作；最后，要考虑所学专业在国内的总体排名、导师等相关因素。

第四，在选择院校时，首先考虑的应该是孩子的学习成绩，毕竟，成绩是硬指标，没有好的成绩却想读清华北大，这无异于痴人说梦。其次，考虑的是在孩子的能力范围内，尽量选择211、985这些名校。毕竟，名校的环境和资源比一般学校还是要好很多，四年的熏陶和环境影响对一个学生而言是相当重要的。最后，还应该考虑地理位置等，因为不同的地理位置对孩子未来就业也有一定影响，如考取上海、北京等地区高校后，教育资源、就业资源相对更加丰富，未来就业前途相对更加宽广。

第七法则：职业法则

职业在人生命中可以说是“要多重要有多重要”。有一个调研机构调查了上千位老人，问他们一生中最遗憾的事情是什么，他们的回答令人无比惊讶：大多数人居然往往是后悔选错了一生的职业！因为职业在人的一生中所占用的时间极其巨大，且人的金钱、人际关系、成就感等几乎全部来自于职业。所以，“优势型家长”帮助孩子选择一个合适的职业，是孩子生命中具有战略意义的重大课题！

在人的一生中，绝大多数人有2/3以上的时间是在职业生涯中度过的。职业不仅是个人生存的依托，也是展现自我、挑战自我、实现自我人生价值的平台。职业生涯的成败对人的一生有着决定性的影响，如果选对了职业，这辈子可能顺风顺水、事业有成；如果选错了职业，这辈子可能平平淡淡、碌碌无为！

所以，一个人的职业不只是谋生的手段，更重要的在于它是对心灵的滋养。在现实生活中，事业的重要性已经无需赘言，问题的关键是怎样找到适合自己的事业，这是人生中极具战略意义的课题。因为人生是一张单程车票，一去不复返！所以，选择职业就等于选择生活方式，工作不仅意味着赚取生活费用，更关系着个人的命运。

了解自己，准确定位

千百年来，人类对“我是谁”“我从哪里来”“我将到哪里去?”等课题，孜孜以求。“我是谁？我能干什么？适合干什么？怎么才能找到合适人生位置?”这些问题也时常在人的内心回荡，这些问题总是不时地困扰着人们，有人甚至穷其一生都处于探索之中……“认识自己”这句镌刻在古希腊德尔斐阿波罗神庙里唯一的碑铭，犹如一座千年不熄的灯塔，时时刻刻提醒着人们，表达了人类与生俱来的内在要求和每个人都必须面对的人生课题，表达出了认识自己的重要性。

古往今来，圣贤们不断提出人们要“认识自己”，但他们并没有提出什么具体的原则和方法，并指导人们去实践。如果说“认识自己”是一种人生智慧，那么“怎么认识自己”则是一道人生难题。好在我们可以根据心理测验来认识自己，心理测验是一门科学，在欧美等发达国家已经非常成熟。**在国外的教育中，心理学一直扮演着重要的角色。就职业教育而言，许多发达国家从小学就开始开展各种活动，帮助孩子认识职业，了解职业，并及早地进行职业规划。**

在职业规划中，职业定位是职业人生的一个重大课题，对于职业工作的满意度与成就感会影响人的方方面面。成功的人生始于正确的定位。很多人之所以一事无成，是因为不知道自己要做什么，能做什么，即不能根据自己的实际能力和特长来准确定位。如果能找准定位，那么你所从事的职业就意味着成功了一半。如果找不到合适的定位，即使你很有才华学识，也是英雄无用武之地，一辈子碌碌无为。

如今，随着社会的发展，人们对“认识自我”也进入了一个新阶段。事实上，每个人都有巨大的潜能，每个人都有自己独特的个性和长处，如果每个人选准了自己的人生定位，再加上不断付诸行动，都能获得属于自己的成功！

而职业往往又与产业、行业联系在一起。

产业、行业和职业的关系

一个国家，一个社会，就大的方面可以分为三类产业。

第一产业包括农业、林业、牧业和渔业等；

第二产业是工业和建筑业，工业中包括采掘业、制造业等；

第三产业是流通和服务业。

在传统农业社会，农业人口比重最大；在工业化社会，工业领域中的职业数量和就业人口显著增加；在科学技术高度发达和经济发展迅速的社会，第三产业职业数量和就业人口显著增加。

行业是根据生产工作单位所生产的物品或提供服务的不同而划分的，可以说，行业表示了人们所在的工作单位的性质。

所谓职业分类，是指按一定的规则和标准，把一般特征和本质特征相同或相似的社会职业，分成并归纳到一定类别系统中去的过程。

我国职业分类，根据我国不同部门公布的标准分类，主要有两种类型：

第一种：根据国家统计局、国家标准总局、国务院人口普查办公室1982年3月公布，供第三次全国人口普查使用的《职业分类标准》。该《标准》依据在业人口所从事的工作性质的同一性进行分类，将全国范围内的职业划分为大类、中类、小类三层，即8大类、64中类、301小类。其8个大类的排列顺序是：第一，各类专业、技术人员；第二，国家机关、党群组织、企事业单位的负责人；第三，办事人员和有关人员；第四，商业工作人员；第五，服务性工作人员，第六，农林牧渔劳动者；第七，生产工作、运输工作和部分体力劳动者；第八，不便分类的其他劳动者。

第二种：将国民经济行业划分为门类、大类、中类、小类四级。门类共13个：①农、林、牧、渔、水利业；②工业；③地质普查和勘探业；④建筑业；⑤交通运输业、邮电通信业；⑥商业、公共饮食业、物资供应和仓储业；⑦房地产管理、公用事业、居民服务和咨询服务业；⑧卫生、体育和社会福利事业；⑨教育、文化艺术和广播电视业；⑩科学研究和综合技术服务业；⑪金融、保险业；⑫国家机关、党政机关和社会团体；⑬其他行业。

这两种分类方法符合我国国情，简明扼要，既有实用性，也符合我国的职业现状。

职业和性格的关系

在一次对成功人士的访谈、调查中，发现他们之中94%以上的人都在做着他们最喜爱的职业。

如果一个人所从事的职业与他的个性相适应，工作起来就会得心应手、心情舒畅，容易取得成功。只有对职业本身充满兴趣和热爱，才能使人心甘情愿地经受职业生涯中的风风雨雨，不退缩、不放弃，直到成功。

一个对工作感到不满的人，不管他如何努力，都不会有卓越的表现。因此，职业或岗位的选择是否与自身的性格相吻合，直接关系到人生事业的成败。

那么性格和职业的互动关系是什么呢？

我们认为，性格优势和天赋是脚，职业是鞋子。

合适的鞋子能使你行走起来轻松自如，健步如飞，而不合脚的鞋子再漂亮也会磨脚，更可怕的是，它不仅会使你走起路来别扭难受，甚至还会磨破你的脚。

生活中几乎人人都懂得绝不能削足适履这个道理，然而，为了职业而试图改变性格的人却比比皆是。职业这双鞋，难道就真的需要用改变性格的巨大代价来适应吗？这是典型的本末倒置。

这个世界上从来就没有十全十美的性格，也从来就没有天生的胜利性格和失败性格。只要选准职业，每一种性格都是好性格，每一种性格都能成功！

能够在这个世界上独领风骚的人，必定是对自己性格所长有清晰的了解和执着追求的人。发挥自己的性格优势，找准适合自己的职业定位，这既是一条事半功倍的成功捷径，也是一条通向成功的人间正道！

往自己性格的优势方向发展，让自己去选择工作，而不要让工作来选择自己。

优势型家长要意识到，孩子们虽然还没有马上接触到社会，但一定要有发挥自身性格优势和天赋的意识。这样孩子们才能在未来选择职业时占据主动，赢得人生的成功和幸福。

职业生涯需要规划

既然职业在人们的生命中如此重要，这就需要我们进行合理、科学的规划，将命运牢牢地把握在自己手中。它通过对人的天资秉性、性格特征、兴趣爱好、能力特长、个人价值观等的系统分析，找出个人的优势点、闪光点，再通过对行业、企业、工作岗位的了解，结合社会需要，整合资源，设定职业目标、人生方向，科学决策，找到适合自己个性发挥和发展的职业，扬长避短、发挥潜能，最终实现个人的人生价值。

古往今来，大多数成功人士都懂得职业规划的道理，他们从基本做起，一步一步坚实地走出自己的人生之路。

四十多年前，一个十多岁的穷小子，身体非常瘦弱，却在日记里立志长大后做美国总统。如何能实现这样宏伟的抱负呢？经过思索，他拟定了一系列目标。

做美国总统首先要做美国州长——要竞选州长必须得到雄厚的财力后盾的支持——要获得财团的支持就一定得融入财团——要融入财团最好娶一位豪门千金——要娶一位豪门千金必须成为名人——成为名人的快速方法就是做电影明星——做电影明星前得练好身体，练出阳刚之气。

按照这样的思路，他开始行动。某日，当他看到著名的体操运动主席库尔后，他相信练健美是强身健体的好点子。他开始刻苦而持之以恒地练习健美，他渴望成为世界上最结实的壮汉。三年后，借着发达的肌肉，一身似雕塑的体魄，在以后的几年中，他囊括了各种世界级的“健美先生”称号。

22岁时，他踏入了美国好莱坞。在好莱坞，他花费了十年时间，利用自身优势，刻意打造坚强不屈、百折不挠的硬汉形象。终于，他在演艺界声名鹊起。当他的电影事业如日中天时，女友的家庭在他们相恋九年后，也终于接纳了这位“黑脸庄稼人”。他的女友就是赫赫有名的肯尼迪总统的侄女。

2003年，年逾五十七岁的他，告老退出影坛，转而从政，成功竞选为美国加州州长。他的下一个目标就是美国总统。

他就是阿诺德·施瓦辛格。他的经历告诉我们：科学规划，努力行动，就能成功。

这个职业规划案例可以提醒我们家长：孩子的职业规划制订得越早、步骤越详细，越能早日实现孩子自己心中的梦想。不管这个目标多么艰难、自己的现实和理想之间相差多远，只要有恒心，有积极乐观的态度，有切实可行的详细计划，并一步一个脚印踏踏实实地去完成，就一定能帮助孩子实现远大的理想！

再看一下一位国内名人的职业生涯规划的例子。

经过奥运开闭幕式的洗礼，张艺谋已经成为中国电影界的一面旗帜。张艺谋导演拍摄的电影不仅好看，他的职业发展历程也值得家长们借鉴。

1968年初中毕业后，张艺谋在陕西乾县农村插队劳动，后在陕西咸阳国棉八厂当工人。1978年入北京电影学院摄影系学习。1982年毕业后任广西电影制片厂摄影师。1984年作为摄影师拍摄了影片《黄土地》，崭露头角。1987年主演影片《老井》，颇受好评。

1987年，张艺谋导演的一部《红高粱》，以浓烈的色彩、豪放的风格，颂扬中华民族激扬昂奋的民族精神，融叙事与抒情、写实与写意于一炉，发挥了电影语言的独特魅力，广获赞誉。正是这部电影，让张艺谋成功地实现了从演员到导演的转型，并以一个成功导演的角色进入公众视野，奠定了张艺谋成功导演的地位。

从此，他便一发不可收拾，在经过一段艺术片的成功后，他又转向了商业大片，《英雄》《十面埋伏》《满城尽带黄金甲》等一部部商业大片的红火为他带来了巨大的声誉，并最终带他走到了中国电影旗帜的位置。

2008年北京奥运会，张艺谋又以独特的艺术手法，向全世界展示了一部绝对中国的完美大片，也使得张艺谋站上了职业生涯的巅峰。

插队劳动的农民—工人—学生—摄影师—演员—导演，一次次巨大的职业跳跃和转型才最终造就了一个成功的导演。

张艺谋导演的成长历程告诉我们，清晰的职业生涯规划是成功的基础。优势型家长应该给孩子创造更好的学习环境，抓住机遇，合理规划职业发展，最终成就幸福的人生。

职业法则对家长的提醒和建议

第一，家长们都明白，职业在人生中的地位是要多重要有多重要，孩子所有的学习、实践落实在现实的社会中，就是职业。

第二，家长对职业世界要有所了解，不同的行业，对孩子的能力特点要求不一样。“三百六十行，行行出状元”，前提是家长对该行业有一定了解并确定孩子适合该行业。

第三，性格在职业中具有特殊的地位，一个人只要了解自己的性格，顺应自己的性格寻找职业，就能获得成功。

第四，要想找到真正适合孩子的职业，家长一定要帮助孩子做好职业生涯规划。精彩人生在于规划，懂得了规划，就是将命运把握在了自己手中，朝着目标坚定地前进；反之，如果没有规划，人生就像一艘在茫茫大海上行驶的小船，迷失了目标，找不到人生的方向，最终只能沉沦于人生的汪洋大海里。

第八法则：定位法则

一个国家需要定位，一个企业需要定位，一个产品需要定位，同样我们每个人的人生也需要“定位”，只有定位准确，潜能才得到开发，能量才得以释放。

优势型家长要有意识地帮助孩子寻找到最佳的人生定位，让孩子的人生迈入正确的人生轨道。

今天，定位一词已成为最重要、使用最为广泛的词汇之一。

定位要从一个产品开始。产品可能是一种商品，一项服务，一个机构甚至是一个人。

定位的基本含义

定位的最初应用是科学领域，具体来说是电力和输电线路领域。

而市场定位是在20世纪70年代由美国营销学家艾·里斯和杰克特劳特提出的，其含义是指企业根据竞争者现有产品在市场上所处的位置，针对顾客对该类产品某些特征或属性的重视程度，为本企业产品塑造与众不同的、给人印象鲜明的形象，并将这种形象生动地传递给顾客，从而使该产品在市场上确定适当的位置。

艾·里斯和杰克特劳特指出，在这个传播过度的丛林里，获得大成功的唯一希望就是要有选择性、缩小目标、分门别类。简言之，就是定位。

根据哈佛大学心理学家乔治·米勒博士的说法，普通人的大脑无法同时处理七件以上的信息单位。随便让谁说出某类产品中自己能记得的所有品牌，很少有人能说出七种以上，而且还是他们兴趣最大的那类产品。对于兴趣不大的产品，普通消费者通常只能说出一两个牌子来。

为了应对产品爆炸，人们学会了在脑子里给产品和品牌分类。要想直观地体会这一点，最好的办法也许是设想人脑里有一组梯子，每个梯子代表一类产品，每一层上有一个商标品牌。

以上就是定位概念在商业中的基本应用。

人生定位的益处

第一，人生定位准确可以持久地发展自己。很多人事业上发展不顺利不是因为能力不够，而是选择了并不适合自己的工作，也没有认真思考一下“我是谁?”“我适合做什么?”也因为不清楚自己要什么，从而无法体会在工作中“洋溢”的感觉。有些人把大量时间用于不适合自己的工作上，随着竞争的加剧会有后劲不足的感觉。准确的人生定位，可以获得一个人长足发展的动力。

第二，人生定位准确可以更加有效地利用自己的资源。集中精力的发展，而不是多元化发展，是职业发展的一个规律。很多人多年来涉足很多行业，博而不专，表面上看起来什么都懂，但没有核心竞争力。所以，我们认为，在人生定位问题上，遵循的原则应该是“一招鲜吃遍天”，而不是“样样中样样松”。

第三，人生定位准确可以抵抗外界的干扰，不会轻言放弃。有的人选择工作，以现实的报酬为准则，哪里钱多去哪里，甚至于放弃本来已经不错的职业。但事实上，头几年在待遇上可能有一些优势，但后来差距越来越小，再到后来因为没有形成优势积累，反而职业生涯没有核心竞争力了。给自己准确定位，一个人就能理性地面对外界的诱惑。

第四，人生定位准确还能吸引用人单位，或使上司正确地培养自己，调动一切有利因素帮助自己的发展。很多人在写简历或面试时，不能准确介绍自己，使面试官不能迅速了解你，有的人在职业上变换次数太多，使得用人单位不敢委以重任。定位不准，就好像游移的目标，让人看不清真实的面目。

所以，人生定位准确，可以大大提高人生的效率，让自己的职业生涯快速步入正确的道路。

不同年龄阶段孩子的定位重点

对于中小学生而言，定位的重点在于发现孩子的天赋优势。即孩子在哪些方面有天分、有独特的能力——是与人打交道还是体育方面，是动手能力还是音乐能力。一般而言，7岁以上儿童的天赋优势已经比较明显，家长只要用心观察并且具备这方面的专业知识，发现孩子的独特能力还是一件比较容易的事情。在这方面，加德纳多元智能理论不但做了很好的诠释，并且配有相应的测验。家长根据自己对孩子的直观观察，再配合上做一下多元智能测验，会对孩子有更加准确的了解。

对高中生而言，定位的重点在于了解自己的兴趣，知道自己喜欢什么，喜欢做什么工作，了解职业对于知识、技能、人品和性格的要求。高中生具有很强的可塑性，所以定位的重点不是确定现在做什么，重要的是孩子将来要想做什么。在这个阶段，孩子做一下霍兰德职业兴趣测验，还是很有必要；当然，鉴于孩子的年龄特点，也需要家长给孩子很好的建议和指导。

对于大学生而言，定位的重点在于清晰自己有什么。既需要认真分析自己，又需要进一步了解社会需求，以便做出准确定位。在这个阶段，大学生的性格基本定型，有意识地做一下性格测试如 MBTI 测验和价值观测验，我们认为还是很有必要；当然，家长正确的指导也不可或缺。

定位理论在人生策划中的具体应用

成功的人生始于正确的定位。

那么，到底怎样才能对人生进行准确的定位呢？定位与优势又有什么样的关系呢？

我们认为，在人生定位中，有如下的逻辑关系：

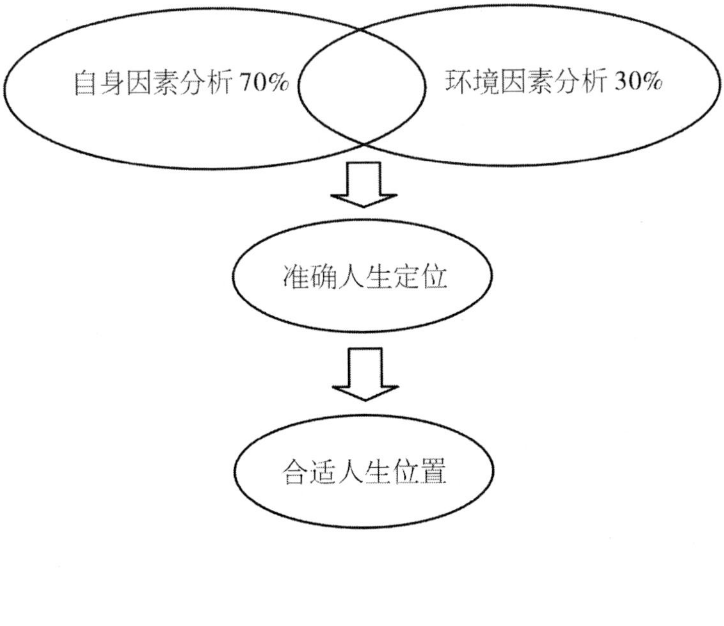

也就是说，在人生定位中，70%要考虑的是自身因素，30%要考虑的是环境因素。自身因素分析占据主要地位，因为环境因素是可变的，而自身因素是相对稳定的。以相对不变的自身因素应对万变的环境因素，这是人生定位的根本法则之一。就像哲学家所言，人生最大的课题是“认识自己”，一个人要根据自身的“独特频率”，去寻找能与自身频率“共振”的环境因素，这样就会大大增加人生的效率！

一个人找到了准确人生定位以后，要想将自己的潜能释放出来，还要找到合适人生位置；否则，潜能也只能处于抑制的状态，不能够被激活。找准位置也是人生策划中的关键步骤。

自身因素分析的内容及作用

在自身因素分析中，又存在如下关系：

自身因素分析 = 优势分析 + 做事风格分析 + 价值观分析（意义、使命）

在自身因素分析中，首先就是优势分析，其次是你的做事风格是什么，再次就是你有什么样的价值观体系。

前文说过，优势指先天优势和后天的性格优势，而先天优势主要是指才干，知识和技能主要是后天习得，而才干主要是受遗传影响，一个人到了17、18岁后，“才干”基本上不再发生变化。

而“优势”也可以理解为一个人的兴趣、能力、性格三者的综合体，是三者的“交集”体现。兴趣可以理解为一个人对什么样的事物感兴趣，感兴趣的事物有可能是你的优势，但也有可能不是你的优势；能力是指在处理不同事物时体现出的能力大小与强弱，现代心理学至少将能力界定为八种类型；性格是一个人先天遗传与后天环境的综合体，主要是指行为的特点和风格。

而做事风格，或者说一个人的行为偏好，则重点代表着习惯的因素。如学习英语，有的人上午学习效率较高，有的人则是晚上效率高；同样是学习单词，有的人喜欢或偏好用背诵的方式，而有的人则喜欢将单词放在阅读中去理解，这就是做事风格。

生活中，常见到有这些现象：有人做事如小河流水哗啦啦：事不大，动静大；有人做事如大海流水静悄悄：事不小，动静小。

有人做事如夏天的知了：无论何时，都在高处喊；有人做事如地上的蚂蚁：无论何时，都是在低处行。

有人做事如下棋攻垒：无论何种攻法，都顺棋道，马跳飞；有人做事如下楼赶会：无论上电梯，或是走楼梯，都是随着兴趣走，凭着感觉行，无章法，无定规。

现象不同，做法迥异，但都透出了做事的风格。

价值观是一个非常重要的概念，它代表着一个人后天看待事物的价值体系。比如说，你认为一件事情是否值得做，是否有价值，代表着的就是你的价值观；价值观是代表后天受环境影响及所接触的人的影响的一种综合价值判断。

需要指出的是，做事风格和价值观往往在后天形成，有着极强的个人色彩，几乎每个人的做事风格和价值观都不是一致的，因此也就较难测定和评判。

而优势，则是相对可以测量的，也是相对可以分类的。

环境因素分析的内容及作用

一个人了解自身的优势，并不一定能保证取得成功，我们认为，找到优势只是完成了“人生定位”的一部分。人生的定位必须考虑到现实的层面：即对外部环境的了解也不可或缺，就像一艘在大海上航行的船只，虽然“大方向”已经确定，但必须考虑到在前进过程中的“暗礁和风浪”，并根据实际情况躲避这些危险，必要时还可以适当偏离主航向，待到合适的时机，再次回到正确的“人生轨道”上来。

所以说，环境因素分析在人生定位中也不可或缺，在环境因素中，又存在着如下关系：

环境因素分析＝家庭环境分析＋行业环境分析＋社会环境分析

首先，就是家庭环境分析。随着年龄的增长，我们会发现，家庭环境对一个人的人生选择有非常大的影响：父辈如果是搞艺术的，孩子长大后也很可能再去从事艺术方面的工作；父辈如果是搞教育的，孩子也很容易走上教育这条道路；父辈如果是从政的，孩子长大以后，也很可能投身政治道路。

究其原因，一是遗传的影响，父辈的遗传基因很好地传递到下一代，如梅兰芳的唱戏天分就遗传到儿子梅葆玖那里；二是耳濡目染，孩子在父母创造的家庭环境中长大，很容易受到父辈的熏陶而喜欢上父辈的职业，如父辈是老师，孩子在学校里长大，很可能逐渐爱上教育这一行；三是父辈的资源都集中在某个行业，如父辈从政，一辈子在政界积累了很多的人脉资源，那么从现实的角度上而言，孩子如果从政，父辈就可以很好地为他铺路，大大降低孩子奋斗的难度，现在社会上流行一个词叫“拼爹”，就是这一点的具体体现。

其次，是行业环境分析。当今的中国，不同的行业，待遇、人脉、所受的尊重等都不一样，有句话说："男怕选错行，女怕嫁错郎。"可见，行业在一个人生命中是多么的重要！

下面看一下在中国目前最有前景的一些行业。

1. 医疗保健行业。由于中国的医疗行业基本上是政府完全垄断，所以有效供给是不充足的；从择业和专业角度来看，医生、心理咨询师、制药等是未来最有前景的行业。

2. 奢侈品行业。包括私人飞机、邮轮、高档轿车、高档消费品、高档会所、高档保健，等等。虽然中国人从平均收入上来讲并不算富裕，但大量的"暴富"一族和"富二代"们，愿意进行奢侈消费。

3. 金融行业。包括银行、保险、证券、信托、资产管理、融资租赁、典当、财务服务等。经济增长强劲的时候，金融业往往独占鳌头，收入和地位很高；经济不景气的时候，受打击最大的往往也是金融行业。但话又说回来，瘦死的骆驼比马大，只要社会不动荡，没有全面的战争，金融业永远是各种行业的首选。

4. 水资源行业。包括水资源、污水处理、海水淡化技术等。水是人类生存的必需品，具有不可替代性，所以，水资源也是一个前景好的行业。从择业和选择专业方向来看，水资源利用和处理、海水淡化处理、水循环利用等应该是未来不错的行业。

5. 农业。农业是所有行业的根本。民以食为天，农业最重要，但是农业从业人口最多，竞争最充分，国家对农业的保护很多。目前生态农业及旅游项目，前景广阔，收益诱人，值得关注。

6. 房地产业。每个中国人都有一个梦想——拥有一个属于自己的家，而这个"家"的概念，现在已经直接固化到了一套房子上。随着中国的城市化进程，未来几十年，房地产行业的发展还是会很可观。从需求的角度看，房地产行业的前景也不错。

7. 婚庆交友行业。包括交友平台、婚庆用品、婚礼酒宴等。中国目前适龄结婚人口2.5亿，每年结婚的人数在4000万左右，从近几年在上海、北京等地所举举办婚博会的热烈程度就可看出，相关行业甚至达到了30多个。可以想象这个行业一旦完全打开，会有多大的需求空间。

8. 文化创意产业。中国虽然对意识形态控制比较严格，但是也不会看不到开放的机会。这无疑是未来最有前景的行业之一，广告、传媒、娱乐、出版、文化创意产业的开放近在咫尺，大家可以将其作为一个有发展潜力的行业来对待。

9. 老年服务业。主要是养老院、老年保健、老年营养学等为老年人服务的行业。中国目前已经是老龄社会，未来老年人的数量会直线上升，所以以老年人为中心的相关行业在未来有着很大的消费市场。当然，这个行业目前可投资的产品比较少，但是可以说是一个创业的好市场。

10. 矿产资源类。包括有色金属、黑色金属等。这个行业与国家整体的社会、经济发展有很大的相关性，随着国家在建设方面的投入不断增加，这些资源的需求必将大幅增加。

11. 能源类。包括煤炭、石油、石化、电力、核电、新能源等。这个行业同上面的资源类行业一样，是与国家经济发展息息相关的行业。从投资的角度看，能源类企业股票是长期投资的上等选择。择业就不用多说了。

12. 教育和培训行业。中国适龄劳动人口基数巨大，劳动力技术技能培养的需求也是巨大的，这个行业的潜力从新东方火热上市就可以看出端倪。据有关资料显示，中国的整个培训市场规模接近万亿。

第三，社会环境分析。就是对我们所处的社会政治环境、经济环境、法制环境、科技环境、文化环境 、语言环境、卫生环境等宏观因素的分析。社会环境对我们职业生涯乃至人生发展都有着重大影响。

总体来说，我们面临着一个非常好的宏观环境，社会安定，政治稳定，经济发展迅速，并与全球一体化接轨，法制建设不断完善，文化繁荣自由，尖端技术、高新技术突飞猛进。

当然，也存在很多问题，如阶层矛盾突出；收入分配机制不完善，尚不能做到完全的公平；人们生活水平大体提高，但贫富两极，弱势群体和社会底层人员生活状况保证仍需加强；经济稳步发展，通货膨胀现象仍然存在，中央统筹控制仍需加强；民生和相关基础设施建设仍需加强建设，对教育、科学、文化、卫生等方面的财政、政策投入支持依然力度不够等。

人生定位的案例及启示

正确的人生定位可以大大提高人生的效率，汽车大王福特的案例就充分说明这一点。

小时候，汽车大王福特帮父亲在农场干活。父亲和周围的人都要他在农场做助手，但福特坚信自己可以成为一名机械师。12岁时，他就在头脑中构想能够在路上行走的机器代替牲口和人力。于是，他用一年的时间完成别人要花三年的机械师训练。随后，他花两年多时间研究蒸汽机原理，试图实现他的理想，但未获成功。随后，他又投入到汽油机研究上来，每天都梦想制造一部汽车。终于有一天，他的创意被大发明家爱迪生所赏识，邀请他到底特律公司担任工程师。经过十年努力，福特29岁时，他成功地制造了第一部汽车引擎。福特的成功，不能不归功于他的人生定位正确。

另外，人生不同的阶段，要有不同的人生定位。只有这样，你才能创造一个完美的人生。

俗话说，人生七十古来稀。有一个老太太，认为到了这个年纪，已没有啥要做的事情，到了生命的尽头，便开始料理后事，不久就去世了。同样是70岁的另一个老太太则认为，现在没有那么多烦心的事情了，是生命的一个新的开始，她要给自己重新定位。在她看来，重要的不在年龄，而在于你在世上重新找一个什么样的位置，怎么活出新的意义来。于是，她凭着坚强的信念和毅力，克服了许多困难开始学习登山。在二十多年里，她登上了好几座世界有名的高峰。95岁那年，她打破了登顶日本富士山最高年龄的世界纪录。这个70岁以后给自己定位的老太太就是著名的胡达·克鲁斯太太。

总而言之，一个国家需要定位，一个企业需要定位，一个产品需要定位，同样我们每个人的人生也需要准确定位，只有定位准确，行动才会有更高的效率和价值；而人生定位要综合考虑自身因素和环境因素，在两者之间做出最佳的平衡和选择。

定位法则对家长的提醒和建议

第一，准确定位是家长培养孩子的重要目的。不管是培养孩子的学商、情商、德商、逆商等，还是发现孩子的优势，包括兴趣、能力、性格、价值观等，都是为了帮助孩子找到准确的人生定位，踏入正确的人生轨道。

第二，定位是自身因素分析和环境因素分析的交集。其中，自身因素的分析为主，环境因素的分析为辅。自身因素分析往往包括自身优势分析（兴趣、能力、性格的交集），行为风格分析，价值观分析；行为风格往往是后天形成的，可以说是习惯的体现；而价值观对一个人的行为影响也是深远的，它代表了一个人选择的倾向。

第三，环境因素的分析，包括家庭环境分析、行业环境分析和社会环境分析。家庭环境对一个人的职业选择有着深远的影响；行业环境也非常重要，常言道，“男怕选错行，女怕嫁错郎”，说明了行业的重要性，进入一个有发展前景的行业，会大大提高人生的效率；社会环境是宏观环境，对行业环境和家庭环境都有着背景性的影响。

第四，综上所述，人生定位也是一门有规律可循的学问，家长是能够通过系统学习来掌握的，它是达成孩子自我实现的关键技术，是帮助孩子找到人生方向，实现人生幸福的核心所在。

第九法则：位置法则

孩子有了准确定位以后，还要根据这个定位，寻找到与定位相匹配的“合适位置”。或者换句话说，找到定位是解决一个人要“干什么”的问题，而找到位置是解决一个人“在哪干”的问题。优势型家长要帮助孩子找到合适的人生位置，最终才能达成孩子的人生幸福。

在人生定位准确的前提下，还要找到“合适人生位置”，否则，能量还是难以释放出来，“找到位置”是人生策划中的核心落脚点。

正确位置的重要性

一个人，要想创造人生的辉煌，必须找到自身的最佳位置，各行各业的人概莫能外。然而在现实生活中，能发现自己的优势，准确定位，最后找到合适人生位置的人却寥寥无几。

美国索可尼石油公司的人事经理保罗·波恩顿在20年中，至少接见了75 000名求职者。卡耐基先生曾经问他：“今天的年轻人求职时，所犯的最大错误是什么?”“他们不知道自己想干什么。”他说，“这叫人万分惊骇，一个人花在选购一件衣服上的心思，竟比选择一件关系将来命运的工作要多得多——他将来的全部幸福和安宁都要建立在这份工作上。”

这种情况说明，大多数人之所以没有取得成功，没有攀登上职业高峰，一个根本的原因就是没有找准位置！而那些找准最佳位置的人就能够顺风顺水！

自然界和生物界素有“物竞天择，适者生存”的残酷规则。强者有强者的位置，弱者有弱者的空间；大者有大者的地盘，小者有小者的场地。各有各的本事和长处，从这个角度上而言，“强”和“弱”都是相对的概念。

清晨，非洲草原上的羚羊从睡梦中醒来，它知道新的比赛就要开始，对手仍然是跑得最快的狮子，要想活命，就必须在赛跑中获胜。另一方面，狮子思想负担也不轻，假如跑不过最慢的羚羊，就只能饿死。多么奇妙的事情，强如狮子之强，弱似羚羊之弱，差别不可谓不大，然而在物竞天择的广阔天地里，两者面临的源自求生欲望的压力却是同等的。可见，在动物世界里，动物的对手说到底就是它自己，它要逃避死亡的追逐，首先就要战胜它自己，它必须越跑越快。因为稍一松懈，便会成为他人的战利品，决无重赛的机会。

因此，物竞天择没有错，但是，只要有一些独特的优势，运用一些策略，弱者也未必一定会输。每一个人或每一个企业都有自己的生态位置，离开了自己的生态位置，优势就有可能丧失殆尽。只有从战略上选择正确的“生态位置”，才能避免正面碰撞，才能游刃有余，以最小的力量取得最佳的效果。

那什么是“最佳位置”呢？

最佳的位置就是与自己的天赋、兴趣、能力、性格、价值观等众多

心理因素相吻合，同时又于环境高度匹配，取得最大价值并且最开心的岗位。或者说，人生定位和职业生涯规划就是找对“最佳位置”的艺术。戴尔·卡耐基的故事充分说明这一点。

美国著名的成人教育学家戴尔·卡耐基只是一个很普通的人，他出生于一个平凡的农民家庭，从小就经受生活的考验。并且，贫困的生活曾一度让卡耐基非常自卑，但他很快觉醒过来，认为只要自己努力，一定能开辟出自己的人生之路，并开始以坚韧的拼搏精神学习，最终改变了自己的一生。

卡耐基从大学毕业后，做过销售员，学过表演，这些经历磨砺了他，并锻炼了他优秀的口才和人际交往能力。为了实现他的演说家梦想，他决心白天学习，晚上到夜校给别人上课。为了提高自己的上课水平，卡耐基学习了很多心理学家和社会学家的著作，阅读了大量的书籍和资料，研究了各个时代伟大人物的传记，终于写出了《人性的弱点》和《语言的突破》两本名著，并开拓出自己的事业，创办了卡耐基学院，帮助许多人获得了成功。

在卡耐基的发展过程中，他坚定自己的目标，从来不怕什么挫折和打击，有计划地设计自己发展的蓝图，不断进取和奋斗，最终获得了成功。

美国著名思想家艾默生认为，每个人都有自己的天职和位置：

“每个人都有自己的天职，天职就是召唤。有一个方向，在这个方向上，一切空间都向他开放。他的天职悄悄地向他邀约，他竭尽全力永无止境地到它那里去。他就像河上的一条小船，到处碰壁，而只在一个方向上畅通无阻。在这个方向上，一切障碍被消除了，他安静地漂向越来越深的河道，进入广阔无垠的大海。这种才能、这种召唤取决于他的肌体组织或普遍的灵魂在他身上表现出来的方式。他倾向于做那种对他来说容易去做，并且做过有好处，而且其他人都不能做的事。他没有对手，因为他越真实地考虑自己的能力，他的工作就越表现出与其他任何人工作的差异。他的雄心与他的能力完全成正比。山顶的高度取决于山脊的宽度。每个人都接受了力量的召唤去做某种与众不同之事，没有人会听到其他任何召唤。”

每一个渴望成功的人，都应该认真领会这句话的真谛，掌握正确的人生定位方法，尽早发现自己的优势，以便确立自己的最佳位置。只有这样，人生才能早日突破，潜能才能早一天释放，成功才能早点到来。这就是最佳位置的精妙所在！

正确位置的巨大作用

一个人一旦找对自己的人生位置，人生就会价值倍增，人生就会因此而变得精彩。在华夏五千多年的历史长河中，有许多人因为找准了自己的正确位置，成就了一番伟业，绽放出了生命中的光彩！

西汉大将军卫青，原本只不过是汉武帝的姐姐平阳公主家一个小小的马夫，但是他胸怀抱负，被汉武帝所赏识，赐封为大将军，征讨匈奴，立下赫赫战功，从此名垂千古。他正因为找准了自己的位置，从而不断努力，发挥出了惊人的潜力，创下了前无古人、后无来者的骄人业绩。

近代大文学家、思想家、革命家鲁迅，少年时曾梦想成为一名医生，能够救死扶伤，解除人们肉体上的痛苦。然而，当他发现以笔为文唤醒民众的觉悟更重要时，便毅然决定弃医从文，从精神上去拯救国民，为此他发出了“呐喊”，在经历了“彷徨”之后，他认清了自己存在的价值，正因找到了属于自己的位置，用他铿锵的笔杆和心灵上犀利的慧言，呼唤国人从鸦片的深渊中挣脱出来，为民族的振兴而斗争，呼唤国人从黑暗的无底洞中解脱出来，以获得自由，为实现中华民族的伟大复兴做出了不可磨灭的贡献。

南宋词人、抗金英雄、爱国主义者辛弃疾，正因为找到了属于自己的位置，在消极投降的逆流中巍然屹立，如中流砥柱，坚守了一个民族不屈的精神，进则沙场点兵，力抗强敌，退则以笔为剑，激励官民，实现人生的不朽，他的功绩永载华夏史册。

这正如一位散文学家所说的那样："如果小草长在草坪，它能给大地带来生命的绿意；如果它长在防洪堤，它能保护堤岸不被雨水冲刷；如果它长在茫茫戈壁，人们会因为看见它的绿色而欢呼雀跃。是的，小草若是长错了地方，将会被人铲除，人若找错了位置，同样也会遭人唾弃。"可见，"找到位置"对人生而言是多么的重要！

再看另外一个广为流传的故事。

一天，一个小和尚跑过来，请教禅师："师父，我人生最大的价值是什么呢？"禅师说："你到后花园搬一块大石头，拿到菜市场上去卖，假如有人问价，你不要讲话，只伸出两个指头；假如他跟你还价，你不要卖，抱回来，师父告诉你，你人生最大的价值是什么。"

第二天一大早，小和尚抱块大石头，到菜市场上去卖。菜市场上人来人往，人们很好奇，一家庭主妇走了过来，问："石头多少钱卖呀？"和尚伸出了两个指头，主妇说："2元钱？"和尚摇摇头，家庭主妇说："那么是20元？好吧，好吧！我刚好拿回去压酸菜。"小和尚听到："我的妈呀，一文不值的石头居然有人出20元钱来买！我们山上有的是呢！"

于是，小和尚没有卖，乐呵呵地去见师父：“师父，今天有一个家庭主妇愿意出20元钱，买我的石头。师父，您现在可以告诉我，我人生最大的价值是什么了吗？”禅师说：“嗯，不急，你明天一早，再把这块石头拿到博物馆去，假如有人问价，你依然伸出两个指头；如果他还价，你不要卖，再抱回来，我们再谈。”

第二天早上，在博物馆里，一群好奇的人围观，窃窃私语：“一块普通的石头，有什么价值摆在博物馆里呢？”“既然这块石头摆在博物馆里，那一定有它的价值，只是我们还不知道而已。”这时，有一个人从人群中窜出来，冲着小和尚大声说：“小和尚，你这块石头多少钱卖啊？”小和尚没出声，伸出两个指头，那个人说：“200元？”小和尚摇了摇头，那个人说：“2000元就2000元吧，刚好我要用它雕刻一尊神像。”小和尚听到这里，倒退了一步，非常惊讶！

他依然遵照师傅的嘱托，把这块石头抱回了山上，去见师傅：“师傅，今天有人要出2000元买我这块石头，这回您总要告诉我，我人生最大的价值是什么了吧？”禅师哈哈大笑说：“你明天再把这块石头拿到古董店去卖，照例有人还价，你就把它抱回来。这一次，师傅一定告诉你，你人生最大的价值是什么。”

第三天一早，小和尚又抱着那块大石头来到了古董店，依然有一些人围观，有一些人谈论：“这是什么石头啊？在哪儿出土的呢？是哪个朝代的呀？是做什么用的呢？”终于有一个人过来问价：“小和尚，你这块石头多少钱卖啊？”小和尚依然不声不语，伸出了两个指头。“20 000元？”小和尚睁大眼睛，张大嘴巴，惊讶地大叫一声：“啊?!”那位客人以为自己出价太低，气坏了小和尚，立刻纠正说：“不！不！不！我说错了，我是要给你200 000元！”“200 000元！”小和尚听到这里，立刻抱起石头，飞奔回山上去见师父，气喘吁吁地说：“师父，师父，这下我们可发达了，今天的施主出价200 000元买我们的石头！现在您总可以告诉我，我人生最大的价值是什么了吧？”

禅师摸摸小和尚的头，慈爱地说：“孩子啊，你人生最大的价值就好像这块石头，如果你把自己摆在菜市场上，你就只值20元钱；如果你把自己摆在博物馆里，你就值2000元；如果你把自己摆在古董店里，你值200 000元！”

以上故事生动说明，平台不同，位置不同，人生的价值就会截然不同！不怕别人看不起你，就怕你自己看不起自己。你选择怎样的道路，将决定你拥有怎样的人生。

要想找到位置，需要行动

要想找到正确位置，既要心动，更要行动，只有感动羡慕，不去流汗行动，成功还是一句空话。

哲人说：“想得好是聪明，计划得好更聪明，做得好是最聪明又最好。”一百个想法不如一个行动，行动包括动脑与动手。正因为人类有了创造性的行动，世界才会精彩，历史才会发展。

正如一位哲人所说：“现实是此岸，理想是彼岸，中间隔着一条湍急的河流，行动便是架在河上的桥梁。”行动不一定会成功，但不行动永远不会成功。播下一个行动的种子，你将收获一种习惯；播下一个习惯的种子，你将收获一种命运，只有切实地行动起来才会有获得成功的可能。

著名作家齐格勒曾经说过这样的一个故事：

当世界上牵引力最大的火车头停在铁轨上时，为了防滑，只需要在

它的8个驱动轮前各塞一块2.5厘米见方的木块，这个庞然大物就动弹不得。然而，一旦这个火车头开始启动，这些小小的木块又岂能挡得住它？当它的时速达到160公里时，就算是一堵1.5米厚的钢筋混凝土墙也能被它轻而易举撞穿。

为什么火车头的威力会有如此巨大的区别呢？原因只在于它是否在行动——行动起来的力量总是令人震撼的。

改变其实也就是一种打破原有生活、突破现状的行动！当你将改变付诸行动，很多之前预计的、仿佛难以克服的困难和障碍都可能被你突破，相反，如果一个人想改变的时候，但只局限在浮想联翩的阶段，而不真正地立马行动起来，那么他无异于一个停在铁轨上的火车头，可能连一块小木块也很难推开。在迈向人生“最佳位置”的路途上，他将永远停留在原地，而失去靠近成功的可能。

世界著名潜能大师安东尼·罗宾说：“人生伟业的建立，并不在于能知，最重要的是在于能行。”

威廉·詹姆斯也认为，不管你知道多少金玉良言，不管你具备多好的条件，在机会降临时，你若不具体的运用，就不会有进步。对于一个人来说，只有行动起来才会带来结果。一个人目标再伟大，如果不去落实，永远只能空说。

一个人要想成就一番事业，找到合适人生位置，就必须在看准大好时机后，迅速做出决定，马上投入行动。只有这样，才能及时抓住机遇，一个人的行动才更有效果。家长想让孩子成功，就让孩子立刻行动起来，大胆的实践和探索，坚强地面对困难和积极地突破自我，坚持不懈地去追寻自己的最佳人生位置吧！

在这里，附上一则成功学的行动格言，与家长和孩子共勉。

我的幻想毫无价值，我的计划渺如尘埃，我的目标不可能达到。

一切的一切毫无意义——除非我付诸行动。

我现在就付诸行动。

一张地图，不论多么详尽，比例多精确，它永远不可能带着它的主人在地面上移动半步。一个国家的法律，不论多么公正，永远不可能防止罪恶的发生。任何宝典，即使我手中的羊皮卷，永远不可能创造财富。只有行动才能使地图、法律、宝典、梦想、计划、目标具有现实意义。行动，像食品和水一样，能滋润我，使我成功。

我现在就付诸行动。

拖延使我裹足不前，它来自恐惧。现在我从所有勇敢的心灵深处，体会到这一秘密。我知道，我要克服恐惧，必须毫不犹豫，起而行动，唯其如此，心中的慌乱方得以平定。现在我知道，行动会使猛狮般的恐惧，减缓为蚂蚁般的平静。

我现在就付诸行动。

从此，我要记住萤火虫的启迪：只有在振翅的时候，才能发出光芒。我要成为一只萤火虫。即使在艳阳高照的白天，我也要发出光芒。让别人像蝴蝶一样，舞动翅膀，靠花朵的施舍生活；我要做萤火虫，照亮大地。

我现在就付诸行动。

我不把今天的事情留给明天。现在就去行动吧！即使我的行动不会带来快乐与成功，但是动而失败总比坐而待毙好。行动也许不会结出快乐的果实，但是没有行动，所有的果实都无法收获。

我现在就付诸行动。

立刻行动，立刻行动，立刻行动。从今往后，我要一遍又一遍，每时每刻重复这句话，直到成为习惯，好比呼吸一般，成为本能，好比眨眼一样。有了这句话，我就能调整自己的情绪，迎接失败者避而远之的每一次挑战。

我现在就付诸行动。

现在是我的所有。明日是为懒汉保留的工作日，我并不懒惰；明日是弃恶从善的日子，我并不邪恶；明日是弱者变为强者的日子，我并不软弱；明日是失败者借口成功的日子，我并不是失败者。

我现在就付诸行动。

我渴望成功、快乐、心灵的平静。除非行动，否则我将在失败、不幸、夜不成眠的日子中死亡。

我现在就付诸行动。

成功不是等待。如果我迟疑，他会投入别人的怀抱，永远弃我而去。

我现在就付诸行动。

总之，优势型家长除了培养孩子的综合素质，更要发现孩子的优势，结合环境需求，帮助孩子进行准确人生定位，最后还要帮助孩子找到合适人生位置，并不断付诸行动，这才是孩子人生幸福的根本保证。

位置法则对家长的提醒和建议

第一，家长要帮助孩子了解自己，发现优势，找到定位。但如果没有正确位置，定位还是仅仅止于概念层面；或者说，定位解决的是“干什么”的问题，最佳位置是解决“在哪干”的问题。

第二，最佳的位置是能够最大程度发挥出自己潜能的一个岗位。在这个岗位上，一个人能实现自己的最大价值，同时为社会做出最大的贡献，是贡献社会和实现自我的核心落脚点。

第三，要想找到合适人生位置，需要不断付诸行动，只有在行动中，在试错中，一个人才能慢慢对客观世界有了认知，有了了解，才能总结经验，慢慢调整自己的人生航向，最终达到自己最喜欢、最擅长、价值最大化的合适位置。

第四，位置法则，不但适用于孩子，对家长也同样适用。很多成年人为了生活，一天到晚忙忙碌碌，但在这个过程中可能忘却了人生的真意，一辈子碌碌无为！我们建议，在漫漫人生中，家长们不妨在某些时刻停下来歇歇脚，静下心来思索一下自己的人生方向是否正确，人生位置是否合适，并不断调准方向，勇敢地去追寻早已珍藏于心中的伟大梦想！

第十法则：幸福法则

幸福，是一种感受良好时的生活状态。它不等同于快乐、快感，它不是短暂的、易逝的，获得并不容易。幸福包含着对现在的满足和对未来的希望。幸福可划分为三个维度——快乐、投入、意义。“优势型家长”培养孩子的终极目的，还是为了让孩子找到属于自己的幸福。

幸福是什么？

其实生活中的幸福很简单，不一定是金钱，不一定是权力。而是一些小事，家人能在一起吃饭是幸福，拥有一个完整的家也是幸福。每个人身边都有幸福，只是你可能还没有发现。

幸福有时候只是一瞬间的感动，但会让一个人一直沉浸其中、心醉不已，幸福就是满足，幸福就是知足。一个人只有主动去找寻幸福，才会得到它。

现代人类幸福吗？

幸福，它代表了人类的终极追求。生活本身的目的就是为了获得幸福；追求幸福让众生殊途同归。

现在的人类幸福吗？

最近一项调查表明，将近45%的美国大学生因抑郁而影响到了正常生活。很多国家也正在步美国的后尘，1957年，英国有52%的人表示自己感到非常的幸福；到2005年，只剩下36%。而在这段时间里，英国国民收入提高了3倍。中国的经济发展异常迅猛，而与此同时，儿童和成年人焦虑和抑郁症的患病率也在上升。根据中国卫生部的报告，我们国家儿童和青少年的精神卫生状况令人担忧。

在人们物质生活水平提高的同时，抑郁症的蔓延也在加剧。虽然现代人比以前富有得多，但我们却并不比以前快乐，一位心理学家问：“我们这么富有，为什么我们还不开心呢？”

当人们的基本物质需求未得到满足的时候，解释为什么不幸福是非常容易的。但是在当今社会中，大多数人不幸福的原因，已经不能用基本物质需求没有得到满足来解释了。越来越多的人面临这样一个矛盾的问题——财富带给我们的好像并不是幸福……

什么是真正的幸福？

其实真正的、持续的幸福感，需要我们向着一个有意义的目标快乐地努力与奋斗。幸福不是拼命爬到山顶，也不是在山下漫无目的地游逛；幸福是向山顶攀登过程中的种种经历和感受。

所以说，幸福是一种过程的体验，一位终生致力于高峰体验和巅峰表现研究的心理学家说：“人类最好的时刻，通常是在追求某一目标的过程中，把自身实力发挥得淋漓尽致之时。”

前美国卫生部部长也说："无论在山谷还是山巅，我们生来就是为了攀登，而不是放纵享乐。"英国哲学家大卫·休谟曾说过："人类刻苦勤勉的终点就是获得幸福，因此才有了艺术创作、科学发明、法律制定，以及社会的变革。"

财富、声望、知名度与其他目标都不能和幸福相比，无论是对物质还是名望的追求，其最终都是追求幸福的手段。

那幸福到底是由什么组成的呢？我们认为幸福的定义应该是"快乐与意义的结合"。

心理学家弗洛伊德认为追求快乐是人类的本能，而心理学家弗兰克尔则认为，人类意志力的原动力来自于意义，而不是快乐，他说："人类最大的动力，来自于对生命意义的追求。"

我们认为他们各说对了一半，如果想要一个充实的幸福生活，就必须去追求快乐和意义两种价值。真正快乐的人，会在自己觉得有意义的生活方式里享受它的点点滴滴。

这种解释绝不仅限于生命里的某些时刻，而是人生的全过程；即使有时经历痛苦的感受，人在总体上仍然可以是幸福的。

另外，意义也是幸福不可或缺的组成部分。

人们对意义的追求是绝对的。如果没有更高的目的，或使命感，或理想，我们就无法发挥全部的潜能去追求幸福。

不同的人会在不同的事情里找到意义。"真我的呼唤"随时都有可能出现，创业、做义工、抚养子女，等等。在我们选择目标时，必须要确定它符合自身的价值观及爱好，而不是为了迎合别人的期望却迷失自我。

意义与快乐，短期的利益和长期的利益可以相互促进，当我们对自己的行为心存使命感的时候，我们会获得更大的快乐；而在我们从事的事情上找寻快乐，也可以加深其意义。

幸福与财富的关系

金钱除了可以提供食物和居所外，只是实现目标的手段。

有趣的是，我们经常搞不清楚目标和手段的区别，而是牺牲目标（幸福）来换取手段（金钱）。当社会上普遍以积累财富为人生目标的时候，我们也很容易随波逐流地犯这类错误。

物质上的富有可以帮助自己甚至他人得到更多的幸福。金钱上的保障，可以让我们向不喜欢的工作说“不”，或者让我们不为账单烦恼。还有，赚钱的欲望可以成为积极的挑战，甚至给我们启发。

但是，金钱本身并没有价值，是因为它只能带来一些丰富的经历与体验。物质本身并不能给生命带来意义或是精神上的财富。

研究显示，财富与幸福之间的关系不同于我们通常的认识，事实上，财富与幸福之间的关联性比较低。在过去的50多年里，美国人的富有程度越来越高，但幸福指数却没有什么变化。且令人惊讶的是，许多人在富有之后居然比在努力致富的过程中还要沮丧。

在1968年对美国刚入大学的新生中所做的调查中，41%想赚大钱，83%想要追求有意义的生活。这个情况在1997年时大不相同，当时的调查是75%选择赚大钱，而只有41%想追求有意义的生活。由于越来越多的人将物质放在首位，所以越来越多的人感受不到幸福，社会整体所面临的情感破产危机就显得更加严重。

目标、成功与幸福

从整体而言，有目标的人成功概率要比没有目标的人大得多。哈佛大学追踪了研究长达25年的毕业人群，有长期目标的人大多成为社会的精英，处于社会上层；有短期目标的人，大多成为各行各业中出色的人群，处于社会中层；没有目标的人往往过得一般，处于社会下层。

心理学已经证明了目标和成功之间的关系，这一点也已经被我们的自身经验和来自身边的所见所闻印证了无数次。

目标向我们自己及他人传达了一种克服困难的信念。一个目标，一个明确的承诺，可以集中我们的注意力，帮助我们找到达到目标的路线。

实验研究和经验性的证据已经清楚地显示出目标和成功的关系，而目标和幸福的关系则不是那么明显。

传统的观点告诉我们，幸福就是达到目标。但经过几十年的研究后，这种说法已经受到了严重的挑战，虽然在达到目标之后会感到满足，而无法到达时更容易失望，实际上这些感觉都很短暂。

一位心理学家研究了一位彩票的中奖者，短短一个月的时间里，就已经回到了他们之前的幸福感水平。同样的，因为车祸而残疾的人，在短短一年内，就可以回到车祸前的快乐状态。

所以我们认为，追求目标的整个过程，而不是达到目标的这个结果，才是带来幸福和积极情感的要素。目标是为了让我们能享受眼前，目标是意义而不是结局。

如果想保持幸福感，我们必须改变我们通常对目标的期望，与其把它当成一种结局，不如把它看成意义。

当目标被认可为意义时，它会帮助我们去规划旅途中的每一步，而不像被认为是结局时，它所带给我们的只是无尽的困难和挑战。

怎样实现幸福？

问问自己想要什么，什么能带给自己快乐和意义。

工作场所应该是一个我们可以体会正面情绪的地方。在一个把痛苦和工作绑在一起的文化里，揭示工作最大的特征其实在于深度的幸福感是非常具有革命性意义的。

除了收入或是地位之外，人们对于工作的定位，将在很大程度上决定他们对工作及生活的满意度。

寻找适合的工作通常是很有挑战性的。我们可以用以下三个关键问题来问自己：

什么带给我意义？

什么带给我快乐？

我的优势是什么？

因为无论是CEO还是普通白领，不论是医生还是汽车销售，每个人都可以在他们的工作中去塑造使命感，而获取更多的幸福感，让工作变成我们的使命而不是简单的打工。

幸福＝优势（自身的优势）＋快乐（当前的满足）＋意义（长远的意义）

以上三个要素缺一不可，工作要能发挥自身的优势，这是幸福的自身因素；我们相信，在一个不能发挥自身优势的工作中，一个人是很难

体验到快乐的感觉的。

除了发挥自身优势，眼下能体验到快乐也非常之关键，它是一个人能做好本职工作的重要因素；当然，在此基础上还要能体会到长远的意义和价值，否则也很难坚持长远，具体如下图所示：

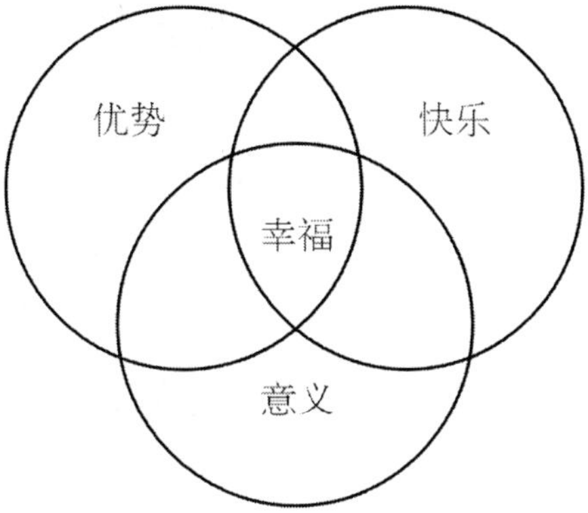

只有在优势、快乐和意义的交集处，才是幸福的栖居地。

举例而言，对绝大多数母亲而言，抚养自己的孩子是一件非常幸福的事情：因为它能发挥母亲的自身优势，同时眼下会感到很快乐，另外从长远的角度上来看，抚养孩子可以为自己的未来找好接班人，非常有意义。

另外一个例子是做单纯以盈利为目的的软件游戏，如与大众价值观相背离的杀人网络游戏，一个人如果以此行业为生，即使能够发挥他自身的优势，可能也很快乐，但是从长远的角度而言，我们认为单纯的以盈利为目的的网络游戏行业不一定经得住时间的考验，也就是说，我们认为做一个没有教化特征、只体验虐杀快感的网络游戏，不是一件有意义的事情；或者说，我们认为这个游戏制作人并不一定幸福。

幸福的密码

1988年4月，24岁的哥伦比亚大学哲学系博士霍华德·金森对121名自称非常幸福的人进行调查，得出结论，这个世界上有两种人最幸福：一种是淡泊宁静的平凡人，一种是功成名就的杰出者。20年后，他回访了这121人，结果却让他陷入了深思……

人的幸福感取决于什么？

1988年4月，霍华德·金森24岁，是美国哥伦比亚大学的哲学系博士。他毕业论文的课题是《人的幸福感取决于什么》。为了完成这一课题，他向市民随机派发出了一万份问卷。问卷中，有详细的个人资料登记，还有五个选项：

A 非常幸福；

B 幸福；

C 一般；

D 痛苦；

E 非常痛苦。

历时两个多月，他最终收回了5200余张有效问卷。经过统计，仅仅只有121人认为自己非常幸福。

接下来，霍华德·金森对这121人做了详细的调查分析。他发现，这121人当中有50人是这座城市的成功人士，他们的幸福感主要来自事业的成功。而另外的71人，有的是普通的家庭主妇，有的是卖菜的农民，有的是公司里的小职员，还有的甚至是领取救济金的流浪汉。这些职业平凡生涯黯淡的人，为什么也会拥有如此高的幸福感呢？

通过与这些人的多次接触交流，霍华德·金森发现，这些人虽然职业多样、性格迥异，但是有一点他们是相同的，那就是他们都对物质没有太多的要求。他们平淡自守，安贫乐道，很能享受柴米油盐的寻常生活。

这样的调查结果让霍华德·金森很受启发。于是，他得出了这样的论文总结：这个世界上有两种人最幸福。一种是淡泊宁静的平凡人，一种是功成名就的杰出者。如果你是平凡人，你可以通过修炼内心、减少欲望来获得幸福。如果你是杰出者，你可以通过进取拼搏，获得事业的成功，进而获得更高层次的幸福。

他的导师看了他的论文后，十分欣赏，批了一个大大的“优”！

毕业后，霍华德金森留校任教。一晃20多年过去了。如今，霍华德·金森也由当年的意气青年成长为美国一位知名终身教授。2009年6月，一个偶然的机会，他又翻出了当年的那篇毕业论文。他很好奇，当年那121名认为自己“非常幸福”的人现在怎么样呢？他们的幸福感还像当年那么强烈吗？

他把那121人的联系方式又找了出来，花费了3个月的时间，对他们又进行了一次问卷调查。

调查结果反馈回来了。当年那71名平凡者，除了两人去世以外，共有69人交回了调查表。这些年来，这69人的生活虽然发生了许多变化（他们有的已经跻身于成功人士的行列；有的一直过着平凡的日子；也有的人由于疾病和意外，生活十分拮据），但是他们的选项都没变，仍然觉得自己“非常幸福”。

而那50名成功者的选项却发生了巨大的变化：仅有9人事业一帆风顺，仍然坚持的当年的选择——“非常幸福”；23人选择了“一般”；有16人因为事业受挫，或破产或降职，选择了“痛苦”；另有2

人选择了“非常痛苦”。

看着这样的调查结果，霍华德·金森陷入了深思，一连数日，霍华德·金森都沉浸在自己的思绪当中。

两周后，霍华德·金森以《幸福的密码》为题在《华盛顿邮报》上发表了一篇论文。在论文中，霍华德·金森详细叙述了这两次问卷调查的过程与结果。论文结尾，他总结说：**所有靠物质支撑的幸福感，都不能持久，都会随着物质的离去而离去。只有心灵的淡定宁静，继而产生的身心愉悦，才是幸福的真正源泉。**

无数读者读了这篇论文之后，都纷纷惊呼：“霍华德·金森破译了幸福的密码！”这篇文章，引起了广泛的关注。刊登该文的《华盛顿邮报》一天之内六次加印！

在接受媒体采访时，霍华德·金森一脸愧疚：“20多年前，我太过年轻，误解了‘幸福’的真正内涵。而且，我还把这种不正确的幸福观传达给了我的许多学生。在此，我真诚地向我的这些学生致歉，向幸福致歉！”

总之，家长培养孩子，提升孩子的智商、情商、逆商、德商，帮助孩子发现优势，发挥优势，找到人生位置，其终极目的还是为了让孩子快乐，让孩子幸福。

幸福法则对家长的提醒和建议

第一，一个人要想幸福，应该去从事能够发挥自己优势的事业，除了让眼下的自己内心平静快乐，更要有长远角度的意义和价值。

第二，幸福不等于拥有金钱。有钱的人不一定幸福，没钱的人也不一定不幸福，幸福更多的是一种主观感受。

第三，幸福不等于目标。幸福更是达到目标过程中感受的点点滴滴。

第四，幸福也不等于成功。成功往往是一种外在的评价标准，而幸福往往是一种内在的价值尺度。

第五，所有靠物质支撑的幸福感，都不能持久，都会随着物质的离去而离去。只有心灵的淡定宁静，继而产生的身心愉悦，才是幸福的真正源泉，这就是幸福的“密码”。

第六，让孩子幸福是优势型家长的终极目的。这就需要优势型家长除了将孩子的基本素质培养好，还要帮助孩子发现优势，找到合适人生位置，更要帮助孩子逐渐找到生命的意义和价值所在。总之，要让孩子拥有幸福的人生，中国家长们任重而道远！

附录一：加德纳多元智能测评

——一般而言，适合3~15岁的孩子家长测试

霍华德·加德纳是世界著名教育心理学家，最为人知的成就是多元智能理论，被誉为多元智能理论之父。加德纳认为过去对智力的定义过于狭窄，未能正确反映一个人的真实能力。他认为一个人的能力至少可以分为7种类型（后来调整为8种类型），请您根据对自己孩子的了解和熟悉程度，对下列问题做出判断，请在每道题的数字上打“√”，否则打“×”，不要漏答。

1. 孩子在背诵诗词和有韵律的词句时，表现非常出色。
2. 他能注意到家长愁闷和高兴时的情绪变化。
3. 他常常问诸如“时间是从什么时候开始的”等问题。
4. 即使到陌生地方，孩子也很少迷路。
5. 跳舞时，他的动作很优美、很标准。
6. 唱歌时，他的音阶很准。
7. 他经常会问“打雷、闪电和下雨是怎样形成的”等问题。
8. 他描述事物用词准确，且常有惊人之语。
9. 他很早就会自己系鞋带，并出人意料地学会骑车。

10. 他特别喜欢扮演角色并编出剧情。
11. 出外旅行时，他能记住沿途标记，说：“我们曾到过这个地方……”
12. 他喜欢听各种乐器，并能通过辨音认出它们。
13. 他画图画得很好，对物体描绘清晰准确。
14. 他擅长各种体育动作，如打篮球、踢足球等。
15. 就像喜欢根据大小和颜色把玩具分类一样，他善于划分种类。
16. 他长于自我反思，譬如他说：“我发昏了才做出这事……”
17. 他能够相当精彩地讲故事。
18. 他能够准确辨别不同动物的声响，并发表议论。
19. 某人被引荐时，他常常会说：“她使我想起了谁。”
20. 对自己做对的事和做错的事，他能做出客观的评论。
21. 在看电影或电视时，他能够很快看出谁是坏蛋。
22. 孩子观察力强，能发现事物的细枝末节。
23. 孩子说话早，表达能力强。
24. 他喜欢下棋打牌。
25. 他学歌学得快，学得准。
26. 他能够熟练地掌握各种工具器械。
27. 他不卑不亢，有自信心。
28. 他有“眼力劲”，能够应酬不同客人。
29. 在迷路时，他能很快找到方向。
30. 他喜欢读书，并善于复述书中的故事情节。
31. 他能很快学会等量转换，例如，500 克是 1 斤，3 尺是 1 米。
32. 他从小就爱摆弄乐器，长大一些后，能识别出没有歌词的乐曲。
33. 孩子是拆装玩具、折纸的能手，别人都说他手巧。
34. 孩子知道如何计划自己的事情。
35. 孩子容易记住不同的人，并分别对待。

评分办法：下表中的数字代表上列能力测验中的题号，请将打"√"号的题号填到相应下表中。

语言才能	1	8	17	23	30
音乐才能	6	12	18	25	32
逻辑数学才能	3	7	15	24	31
空间才能	4	11	13	22	29
身体动觉才能	5	9	14	26	33
自我认识才能	10	16	20	27	34
他人认识才能	2	19	21	28	35

倘若您对上面与某项才能有关的五个问题上都答"√"，那么，您的孩子就可能具有那一种才能。不同能力的相关解释请参见本书的"能力"法则。

附录二：霍兰德职业兴趣测验

——一般而言，适合高中生及大一、大二学生测试

约翰·霍兰德（John Holland）是美国约翰·霍普金斯大学心理学教授，美国著名的职业指导专家。他于1959年提出了具有广泛社会影响的职业兴趣理论。认为人的人格类型、兴趣与职业密切相关，兴趣是人们活动的巨大动力，凡是具有职业兴趣的职业，都可以提高人们的积极性，促使人们积极地、愉快地从事该职业，并且职业兴趣与人格之间存在很高的相关性。Holland认为人格可分为现实型、研究型、艺术型、社会型、企业型和常规型六种类型。

本问卷共90道题目，每道题目是一个陈述，请您根据自己的真实情况对这些陈述进行评价，如果符合实际情况就在相应的题目前打“√”，否则打“×”，不要漏答。

01. 为了干好体力工作，强壮的身体对我很重要。

02. 我喜欢彻底地了解事情的真相。

03. 我的心情受音乐、色彩和美丽事物的影响极大。

04. 和他人的关系，丰富了我的生命并使它有意义。

05. 我自信我会成功。

06. 我做事必须有清楚的指引。
07. 我擅长自己制作、修理东西。
08. 我可以花很长的时间去想通一件事情的道理。
09. 我非常重视美丽的事物和环境。
10. 我愿意花时间帮别人解决个人危机。
11. 我喜欢竞争。
12. 我在开始一个工作前，会花很多时间去计划。
13. 我喜欢使用双手做事。
14. 探索新事物使我满意。
15. 我喜欢天马行空地想象，并发挥我的创造力。
16. 我认为能把自己的痛苦和别人分担，是很重要的。
17. 成为群体中的关键任务执行者，对我很重要。
18. 我对于自己能重视工作中的所有细节感到骄傲。
19. 我不在乎户外工作把手弄脏。
20. 我认为教育是发展及磨炼脑力的终身学习过程。
21. 我喜欢非正式的穿着，尝试新颜色和款式。
22. 我常能体会到某人想要和他人沟通的需要。
23. 我喜欢帮助别人不断改进。
24. 我在决策时，通常不愿意冒险。
25. 我喜欢购买小零件，做成成品。
26. 我喜欢长时间阅读，并冥想生命本质。
27. 我有很强的想象力。
28. 我喜欢帮助别人发挥天赋和才能。
29. 我喜欢监督事情直至完工。
30. 如果我面对一个新情景，会在事前做充分的准备。
31. 我喜欢户外工作。

32. 我渴望阅读或思考任何可以引发我好奇心的东西。

33. 我喜欢尝试并创新。

34. 如果我和别人产生摩擦，我会不断尝试化干戈为玉帛。

35. 要成功就必须定高目标，直至达成。

36. 我不喜欢为重大决策负责。

37. 我喜欢与物打交道，不太喜欢与人打交道。

38. 我在解决问题前，必须把问题进行彻底分析。

39. 我喜欢重新布置我的环境，使它们与众不同。

40. 我经常通过和别人交谈，来解决自己的问题。

41. 我常想起草一个计划，而由别人完成细节。

42. 准时对我来说非常重要。

43. 从事户外活动令我神清气爽。

44. 面对不同事物，我不断地问：为什么？

45. 我喜欢自己的工作能够抒发我的情绪和感觉。

46. 我喜欢帮助别人。

47. 能够参与重大决策是件令人兴奋的事情。

48. 我经常保持清洁，喜欢有条不紊。

49. 我喜欢周边环境简单而实际，不喜欢复杂的环境。

50. 我会不断地思索一个问题，直到找出答案为止。

51. 大自然的美深深地触动了我的灵魂。

52. 亲密的人际关系对我很重要。

53. 升迁和进步对我极重要。

54. 当我把每日工作计划好时，我会较有安全感。

55. 我不害怕体力工作，且知道工作的重点。

56. 我喜欢能使我思考、给我新观念的书。

57. 我希望能看到艺术表演、戏剧及好的电影。

58. 我对别人的情绪低潮相当的敏感。
59. 能影响别人使我感到兴奋。
60. 当我答应一件事时，我会竭尽监督所有细节。
61. 我希望粗重的肢体工作不会伤害任何人。
62. 我希望能学习所有使我感兴趣的科目。
63. 我希望能做些与众不同的事。
64. 我对别人的困难乐于伸出援手。
65. 我愿意冒一点险以求进步。
66. 当我遵循成规时，我感到安全。
67. 我喜欢机械，并喜欢动手摆弄它们。
68. 我喜欢能刺激我思考的话。
69. 当我从事创造性的事时，我会忘掉一切旧经验。
70. 我对社会上有许多人需要帮助感到关注。
71. 说服别人依计划行事是件有趣的事情。
72. 我擅长于检查细节。
73. 我喜欢开车，喜欢与机械沟通的感觉。
74. 阅读新发现的书，是一件令人兴奋的事情。
75. 我喜欢美丽、不平凡的东西。
76. 我经常关心孤独、不友善的人。
77. 我喜欢辩论。
78. 我花钱时比较谨慎，精打细算。
79. 我喜欢用运动来保持强壮的身体。
80. 我经常对大自然的奥秘感到好奇。
81. 尝试不平凡的新事物是件相当有趣的事情。
82. 当别人诉说他的困难时，我是个好听众。
83. 做事失败了，我会再接再厉。

84. 我需要确切地知道别人对我的要求是什么，再去工作。

85. 我喜欢把东西拆开，看看能否修理他们。

86. 我喜欢研读所有的事实，并合乎逻辑地做出决定。

87. 没有美丽事物的生活，对我而言是不可思议的。

88. 人们愿意告诉我他们的心事。

89. 我常能借着资讯网络，和别人沟通并推进团队工作。

90. 小心谨慎地完成一件事情，是件有成就感的事。

评分办法：下表中的数字代表上列兴趣测验中的题号，请将打“√”号的题号填到相应下表中。

现实型	1	7	13	19	25	31	37	43	49	55	61	67	73	79	85
研究型	2	8	14	20	26	32	38	44	50	56	62	68	74	80	86
艺术型	3	9	15	21	27	33	39	45	51	57	63	69	75	81	87
社会型	4	10	16	22	28	34	40	46	52	58	64	70	76	82	88
企业型	5	11	17	23	29	35	41	47	53	59	65	71	77	83	89
常规型	6	12	18	24	30	36	42	48	54	60	66	72	78	84	90

请算出每种类型打“√”的数目，并填在下面：

现实型________研究型________艺术型________

社会型________企业型________常规型________

将上述分数从高到低依次排好，并填在下面：

第一位________第二位________第三位________

第四位________第五位________第六位________

具体职业兴趣类型的解释请参见本书的“兴趣”法则，深入研究可查阅其他相关图书及网络资料。

附录三：MBTI 性格测验（精简版本）

——一般而言，适合大学生及成年人测验

MBTI（Myers - Briggs Type Indicator），一种迫选型、自我报告式的性格评估测试，用以衡量和描述人们在获取信息、做出决策、对待生活等方面的心理活动规律和性格类型。

由美国的心理学家 Katherine Cook Briggs（1875—1968）和她的心理学家女儿 Isabel Briggs Myers 根据瑞士著名的心理分析学家 Carl G. Jung（荣格）的心理类型理论和她们对于人类性格差异的长期观察和研究而著成。经过了长达 50 多年的研究和发展，MBTI 已经成了当今全球最为著名和权威的性格测试。

操作指导：在每道题的 A、B 选项上，根据直觉，选择你认为符合你的情况的描述。并在每道题对应的字母上打“√”。

1. 你是否：

   A. 容易让人了解

   B. 难于让人了解

2. 假如你是一位老师，你会选教：

   A. 以事实为主的课程

   B. 涉及理论的课程

3. 下面哪个词语更合你心意：

A. 仁慈慷慨的

B. 意志坚定的

4. 当你要外出一整天，你会：

A. 计划你要做什么和在什么时候做

B. 说去就去

5. 与很多人一起会：

A. 常常令你心力交瘁

B. 令你活力倍增

6. 哪些人会更吸引你？

A. 一个思维敏捷及非常聪颖的人

B. 实事求是，具有丰富常识的人

7. 你倾向：

A. 重视感情多于逻辑

B. 重视逻辑多于感情

8. 你认为自己是一个：

A. 较为随兴所至的人

B. 较为有条理的人

9. 你通常：

A. 与人容易混熟

B. 比较沉静或矜持

10. 一般来说，你和哪些人比较合得来？

A. 富于想象力的人

B. 现实的人

11. 哪个是较高的赞誉，或称谓：

A. 能干的

B. 富有同情心

12. 处理许多事情上，你会喜欢：

A. 凭兴趣所至行事

B. 按照计划行事

13. 大多数人会说你是一个：

A. 重视自我隐私的人

B. 非常坦率开放的人

14. 你宁愿被人认为是一个：

A. 实事求是的人

B. 机灵的人

15. 哪个是较高的赞誉，或称许为：

A. 一贯感性的人

B. 一贯理性的人

16. 按照程序表做事：

A. 合你心意

B. 令你感到束缚

17. 在一大群人当中，通常是：

A. 你介绍大家认识

B. 别人介绍你

18. 你会跟哪些人做朋友？

A. 常提出新主义的

B. 脚踏实地的

19. 要作决定时，你认为比较重要的是：

A. 据事实衡量

B. 考虑他人的感受和意见

20. 你做事多数是：

A. 按当天心情去做

B. 按照拟好的程序表去做

21. 你喜欢花很多的时间：

A. 一个人独处

B. 和别人在一起

22. 要做许多人也做的事，你比较喜欢：

A. 按照一般认可的方法去做

B. 构想一个自己新的想法

23. 下面哪个词语更合你心意：

A. 实际

B. 多愁善感

24. 当你有一份特别的任务，你会喜欢：

A. 开始前小心组织计划

B. 边做边找出需要做什么

25. 在社交聚会中，你：

A. 有时感到郁闷

B. 常常乐在其中

26. 你通常较喜欢的科目是：

A. 讲授概念和原则的

B. 讲授事实和数据的

27. 你是否经常让：

A. 你的情感支配你的理智

B. 你的理智主宰你的情感

28. 在大多数情况下，你会选择：

A. 顺其自然

B. 按程序表做事

用字母代表如下：

精力支配：外向E——内向I

认识世界：实感 S ——直觉 N

判断事物：思考 T ——情感 F

生活态度：判断 J ——知觉 P

其中两两组合，可以组合成 16 种人格类型。

评分办法：

下表中的数字代表上列性格测验中的题号，请将打“√”号的 A、B 题号填到相应下表中。（说明：题目顺序是按横向排列，不要管列表中 A、B 字母的顺序）。

1	A	B	2	A	B	3	A	B	4	A	B
5	B	A	6	B	A	7	A	B	8	B	A
9	A	B	10	B	A	11	B	A	12	B	A
13	B	A	14	A	B	15	A	B	16	A	B
17	A	B	18	B	A	19	B	A	20	B	A
21	B	A	22	A	B	23	B	A	24	A	B
25	B	A	26	B	A	27	A	B	28	B	A
	E	I		S	N		F	T		J	P
性格类型											

计算方法：

所有分数都统计完后，每一个纵列相加比较外向——内向，感觉——直觉，情感——思维，判断——知觉，例如外向得了 2 分，内向得了 5 分则你就为内向型，以此类推，得到整体结果。下面是各种具体性格类型的基本解释：

ENFJ：

ENFJ 型的人热爱人类。他们把人和人际关系看得比什么都重要，而且他们很自然地关心别人。他们热爱生活，并感到自己与万物都是息息相关的。因为他们是理想主义者，而且看重自己的价值，ENFJ型的人对自己尊重景仰的人、事业和工作单位都非常忠诚。他们有精力和热情，同时又有责任感，以及谨慎、坚持不懈的特点。他们是天然的领导者，受欢迎，而且具备领袖气质。他们擅长交际，并且会经常运用自己的口才天赋。ENFJ型的人在做决定时只基于自己对问题的感觉，而不是事实情况。ENFJ型的人富有同情心，能够理解、支持、扶助他人。他们很会看人，并且有责任感，也很认真。因为是理想主义者，他们总是看到别人好的一面。

ENFP：

ENFP型的人充满热情并富于新思想。他们积极、自觉、有创造力而且很自信，他们有头脑并对可能性有很强的感觉。ENFP型的人把人生看成一部令人兴奋的戏剧。ENFP型的人有想象力，适应性强，并且很警觉，他们把灵感看得比一切都重要，他们往往是天才的发明家。他们不墨守成规，并善于寻找新方法。ENFP型的人总是挖掘新思路——并保持它们始终开放！ENFP型的人迷人而富有活力。他们待人宽厚，有同情心和绅士风度，并随时准备帮助任何一个遇到麻烦的人。他们相当有洞察力和知觉性，而且经常关心别人的发展状况。ENFP型的人总是避免矛盾而崇尚和睦。他们在维护人际关系上，而不是客观事实上，花费很多心思，而且他们喜欢结交各种各样的人。

ENTJ：

ENTJ型的人是伟大的领导者和做决定的人。他们擅长发现一切事物的可能性并很愿意指导他人实现梦想。他们是天才的思想家和长远规划者。因为ENTJ型的人非常实际，逻辑性又强，他们善于做那些需要推理和智慧的工作。为了努力办成每一件自己要做的事，他们能很自然地指出一个计划中的缺陷，并立即想出改进的办法。他们不愿维持现状，而喜欢为更完美的状况而奋斗。ENTJ 型的人喜欢处理复杂的问题，而且对于那些使他们感兴趣的事，他们会无畏地追求直到掌握为止。ENTJ 型的人注重真理，只有在经过逻辑推理之后他们才会信服。ENTJ 型的人天生是热心坦诚的领导者。他们趋向于对一切与自己有关的事负责。他们善于组织群众，因为他们有远见而且乐意把自己的眼光与他人分享。他们生活非常严谨而且期望别人也是如此。因此，他们愿意挑战并让其他人也像他们一样努力奋斗。

ENTP：

ENTP 型的人喜欢兴奋和挑战。他们热情、聪慧、健谈，许多事情都很拿手，并会为了增长自己的才干和能力而努力奋斗。ENTP 型的人天生是事业型的。他们对新观念着迷，并且很留意各种可能性。他们有很强的主动性和创造性。ENTP 型的人把灵感看得比什么都重要，并为了实现自己的理想而努力奋斗。他们勤学好问，多才多艺，适应性强并且知识渊博，很善于处理挑战性的问题。ENTP 型的人机警而坦率，他们可以从任何角度找出问题所在，经常就问题的任何一个极端立场展开饶有兴致的争论，并乐此不疲。他们有杰出的分析能力而且是优秀的策略家。大多数 ENTP 型的人很有想象力地对待社会关系，因此他们总是有许多各种各样的朋友和熟人。他们显示出很强的幽默感和乐观精神。ENTP 型的人是迷人而令人受鼓舞的合作伙伴，而且他们通常能用自己的热情打动别人加入到自己的事业中。

ESFJ：

ESFJ 型的人喜欢通过直接的行动与合作给他人提供实际的帮助。他们责任心强，待人友好并且有同情心。由于 ESFJ 型的人非常重视与他人的关系，他们因此非常受欢迎而且和蔼，容易快乐，而且很健谈。他们需要和睦的人际关系，也会为获得并维持这种和睦而努力奋斗。实际上，他们经常把自己尊崇的人或事理想化。ESFJ 型的人需要人欣赏自己和自己的贡献，因此他们对于批评和别人的漠视非常敏感。他们通常表现得果断而坚定，而且喜欢将事情安排妥当。ESFJ型的人很实际而且有条理。他们重视并能够记住重要的事实和细节，并且希望别人也如此。由于ESFJ型的人谨慎而传统，他们局限于自己的职责和原则。他们经常会超出自己的责任范围而做一些对别人有帮助或有益处的事情，在遇到困难和取得成功时他们都很积极活跃。

ESFP：

ESFP型的人热爱人类、热爱生活。他们顽皮而且生气勃勃，经常以自己单纯而不怕难为情的方式给别人带来更多的欢乐。ESFP型的人适应性强而且随遇而安，他们热情、友好而且慷慨。他们表现欲强烈，并时常给大家“表演”。他们热衷于参加活动和游戏，并常常同时参加许多。ESFP型的人是现实的观察者，他们能够看到并接受事物的本来面目。他们相信自己的“五感”所带给他们的信息，而不是理论上的解释。他们喜欢收集信息，从中观察可能自然出现的解决办法。ESFP型的人能够容忍和接受自己和他人，而且不喜欢把自己的意愿强加给别人。ESFP型的人圆滑而有同情心，他们常常而且天生就受人欢迎。ESFP型的人天真率直，很有魅力和说服力。他们喜欢意料之外的事情并喜欢寻找给他人带来快乐和惊喜的方法。

ESTJ：

ESTJ型的人喜欢做决定。他们的决定通常是基于自己过去的经验。他们逻辑性强、客观、善于分析，而且有很强的推理能力。实际上，他们只屈从于逻辑。ESTJ型的人很实际。他们对“真实的东西”更感兴趣，而不是难以明白的东西，比如抽象的想法和理论。他们对那些自己认为没有实际运用价值的东西没兴趣。他们知道周围发生了什么，而且主要考虑此时此刻的事情。由于ESTJ型的人生活很有原则，因此他们是很坚定很可信的。他们喜欢显得传统一些。并且喜欢保持已确立的习惯。他们在人际关系上是始终如一的，尽管感情和社会生活不是他们生命中最重要的方面。他们擅长判断人，而且本身是严于律己的。ESTJ 型的人是外向的、社会型的、直爽而友好的。他们很容易被了解，因为“所见即所得”。

ESTP：

ESTP 型的人从不担心——他们是乐天派！ESTP 型的人活跃，随遇而安，而且天真率直，他们不愿意为将来制订计划，而只愿意享受今天，享受现在。ESTP 型的人极端地现实，他们相信自己的感觉带给他们的消息。他们好奇心强，是敏锐的发现者。因为他们容易接受事物，因此他们思路开阔，对他人和自己更有忍耐力。ESTP 型的人重视行动而不是言语，他们喜欢处理各种情况。ESTP 型的人友好而迷人，他们很受欢迎，并且能在大多数社会情况中很放松自如。他们外向，多才多艺也很有趣，而且无论身处什么状况下，他们都有没完没了的笑话和故事与大家分享。他们能够有效地缓解紧张气氛，并使矛盾双方重归于好。

INFJ：

INFJ 型的人生活在一个充满想法的世界中。他们是独立的思考者，同时具备强烈的感情、坚定的原则以及个性的完整。INFJ 型的人相信自己的想法和决定，就算面对别人的怀疑。INFJ 型的人对现实情况有深刻的认识和洞察力。灵感对他们来说十分重要而有效，尽管别人并不理解。INFJ 型的人忠诚、有责任心，并且很理想化。INFJ 型的人可以成为伟大的领导者。他们的贡献被人尊敬和推崇。因为重视和睦与赞同，INFJ 型的人喜欢劝说他人相信自己的观点的有效性。他们通过认同和赞扬，而不是争吵和胁迫，来获得他人的协助。INFJ 型的人会尽全力维护交情和避免冲突。他们很在意别人的感情和兴趣，并且善于与复杂的人打交道。INFJ 型的人自己有一种深刻复杂的性格，但也可能很敏感和紧张。他们可能表现得深藏不露，很不容易被了解，但他们愿意与自己信任的人交心。

INFP：

INFP型的人把内在的平和看得比什么都重要。他们敏感，理想化，而且忠诚。他们看重自己的个人价值，而且经常会受自己深刻的信念所支配，或愿意为一项自己认为值得的事业去奋斗。INFP型的人对可能性而不是已知的事更感兴趣，他们把大部分心思都花在自己的梦想和远见上。他们思路开阔，好奇心强，有洞察力，他们通常具有优秀的长远眼光。INFP型的人受到许多理想及忠诚的约束。他们一旦做出选择就约束自己去完成。他们总是着手太多的事，然后设法完成每一件事。尽管他们外表看起来很冷峻，但INFP型的人内心是很在乎外界的。他们仁慈，有同情心，善于理解他人，并且对他人的情感十分在意。他们避免矛盾冲突，而且也不愿去干涉和支配别人，除非他们自己的价值面临危险。通常INFP型的人喜欢用写的方式抒发情感，而不是口头上的。当他们在试图劝说他人承认自己目标的重要性时，INFP型的人是很有说服力的。INFP型的人很少把自己的情感都表达出来，因此通常表现得沉默而冷静。

INTJ：

INTJ型的人是完美主义者。他们对自制力和个人能力以及坚定不移的信念的追求使他们迈向成功。他们逻辑性强，有判断力，也很聪明，他们看到新主意的运用所带来的后果，并亲眼看到理论变成实际的过程。他们对自己和对别人要求都很严格。他们不会受到别人冷遇和批评的干扰。作为所有性格类型中最独立的一种，INTJ型的人喜欢以自己的方式做事。INTJ型的人具有创造性的思维，杰出的远见和洞察力，他们无疑是智者。他们善于研究理论，并可以把复杂而深奥的概念工作做得很好。他们是优秀的策略家，能够把一个情况的有利和不利都看得很清楚。在他们感兴趣的领域里，他们是很有眼光的组织者。如果这个主意或计划是为他们自己而做。他们会投入令人难以置信的精力、专心和动力。

INTP：

INTP 型的人善于处理概念性的问题。他们极其聪慧，有逻辑性，具有很强的创造灵感。外表安静，深藏不露，而且很独立，内心却在投入地思考问题。他们有批判性，精确而有怀疑精神。INTP 型的人信服逻辑性的推理。INTP 型的人是天才而有创意的思考者。他们看重自己的才学，很主动地增长个人能力，也喜欢向别人挑战，从而提高自己的才能。INTP 型的人主要对发现可能性感兴趣，而不是那些现在已知的、已被承认的或很明显的东西。高度自立的 INTP 型人喜欢投机的和富有想象力的活动。他们很知变通而且思维开阔，他们对找到创造性地解决问题的办法更感兴趣，而不是看到这些办法真正奏效。

ISFJ：

ISFJ 型的人忠诚、投入、慈悲。而且对他人的情感有敏锐的感觉。他们尽职，有责任感而且喜欢被人需要。ISFJ 型的人是现实的，他们喜欢安静而不摆架子的人。他们喜爱大量地吸收并运用事实。由于拥有对细节很强的记忆力，他们有耐心完成整个事情。ISFJ 型的人愿意把事情清楚而明确地安排好。由于有很强的工作原则，如果他们认为自己可以对某一件必须做的事帮上忙，他们会承担其中的责任。他们在工作时严谨而有条理。ISFJ 型的人比较保守，有传统观念。他们在做决定时，能运用客观的判断和自己杰出的洞察力。ISFJ 型的人安静而且谦逊，他们认真严肃，工作努力。他们很有绅士风度，有同情心，机智而且支持朋友和同事。他们喜欢关心他人并提供实际的帮助。

ISFP：

ISFP型的人有绅士风度，认真而且敏感，他们拥有强烈的个人理想和价值观。他们更习惯于用行动来表达自己的感受。ISFP型的人谦虚而深沉，他们其实非常热情，但却不喜欢表现出来，除非是在他们很了解很信赖的人面前。ISFP型的人由于不愿意把自己的感受直接表达出来而常常被人误解。ISFP型的人有耐心，易通融，很好相处而且不对别人发号施令。他们很客观，而且能以一种实事求是的态度接受他人的行为、他们善于观察周围的人或物、但不寻求找到其动机和含义。他们对直接从经验中和感觉中得到的信息非常感兴趣，而且他们很有艺术美学的天分，他们努力试图为自己创造一种优雅而个性化的环境。ISFP型的人没有领导别人的欲望，他们往往是忠实的跟随者和很好的合作伙伴。

ISTJ：

ISTJ型的人严肃，有责任感，而且是社会中的明智的坚定分子。他们值得信赖而且信守诺言。他们的言语就是庄严的宣誓。ISTJ型的人非常实际和仔细。他们严谨、勤奋、有条不紊而且专心致志。无论做什么他们都能认真而有条理地完成。ISTJ型的人天性安静而且勤奋，他们对细节有很实际的判断力，并能将它们记住。ISTJ型的人谨慎而传统。他们善于聆听并喜欢事情被切实而清楚地安排好。他们心口合一。ISTJ型的人天生很独立，他们甚至在遇到危机时都能够表现得平静。他们责无旁贷而且坚定不移，但在他们冰冷的外表下面，还有许多未表现出来的情感。

ISTP：

ISTP型的人坦白，诚实而且实际，他们更喜欢行动而不是言语。他们十分谦虚，对事物的规律性有很好的了解。因为ISTP型的人善于分析。他们对客观含蓄的原理很感兴趣。ISTP 型的人对技术性的工作很有天赋，他们是使用工具和双手工作的专家。他们喜欢客观独立地作决定，并把一切都清楚直接地安排妥当。ISTP 型的人好奇心强又善于观察，他们只信服于坚实可信的事实。他们对事实很敏感，而且在他们熟知了解的领域里绝对是见多识广的人。ISTP 型的人安静而沉默，表现出一副冷酷无情的外表，时常被认为不愿接近人，不过好朋友除外。他们独立自主，主张人人平等的原则。他们常常容易受冲动驱使，因此具备很好的迎接挑战和处理问题的能力。因为他们天生追求兴奋和行动，因此他们通常很喜欢户外活动和运动。

后 记

写完本书，我还有些心里话想和读者说一说。

第一，没有比培养孩子更重要的事情了。作为一个九岁男孩的家长，坦率地说，以前我这个当爸爸的不合格，也犯了大部分爸爸的“通病”——所谓的工作忙，没有主动拿出时间与儿子交流，也没有意识到系统培养儿子的重要性，更多的是提供给孩子物质上的保障，孩子也主要由他妈妈和爷爷奶奶带大。写完本书后，第一个受到“心灵触动”的就是我本人！我突然明白，人生苦短，在衣食住行基本无忧的前提下，幸福的主要源泉来自于心灵的宁静和温暖的亲情，如个人静修和亲人间心与心的交流都是至为宝贵的财富，而不是对物质无休止的占有。但商品社会的主流是，用“无所不用其极”的手段，让人们增加消费，增强物欲，如一个人有五双鞋就足够穿了，但拥有二十双鞋的估计大有人在，甚至有疯狂的购鞋癖者拥有上千双鞋！现在想想，买这么多鞋又有什么用？各位读者如果翻翻您的衣柜、鞋柜，您也许会惊讶于自己购买了这么多自己没有用过的东西！在这带有强烈浮躁气息、快节奏的物质洪流中，能独善其身的人其实很少，包括以前的我；现在的我，虽然仍需要必要的物质，但追求的是物质与幸福的平衡，或者说，现在本人的价值观是在资源有限的前提下，追求幸福最大化而不是物质最大化。基于此观念的转变，周末拿出更多的时间陪陪父母，与儿子下下象棋、打打拳击，用心体会个中滋味，非常幸福。正如本书中的观点，我认为家长培养孩子一个健康的身体、一个好的性格，这才是家长留给孩子最为宝贵的财富。所以，平时给孩子足够的温暖和关爱，留给孩子“一个金色的童年”，这是家长无比重要和伟大的事业。

第二，现在绝大多数家长都爱自己的孩子，但真正懂得教育孩子的家长并不多见，特别是男性家长。如同本书中的第一个法则，培养孩子本质上是一个系统工程，如孩子的情商、逆商、德商、财商等综合在一起。如果做家长的没有系统学习过，很难理解原来当家长也不容易，需要照顾到那么多方方面面。另外，如“21 法则”中的财商法则、德商法则、优势法则等，需要当家长的有较高素质才能理解并且传递到孩子那里去，如果当家长的自己都一知半解，可想而知怎么能够教育出优秀的孩子。所以，力争做“学习型家长”“成长型家长”是很多家长面临的课题。另外，当今中国，社会竞争激烈，绝大多数老百姓活得并不容易，前一阵子我去参加儿子的家长会，惊讶地发现，一个班 38 个学生，来参加家长会的绝大多数是妈妈，只有少数的几个爸爸，有的甚至是爷爷奶奶。我猜想，原因可能有两个，一是爸爸对参加孩子的家长会不够重视；二是爸爸大都是家里的顶梁柱，都在寒冷的北京奋力打拼！中国的爸爸们应该专门拿出时间，多陪陪孩子。

第三，培养孩子的终极目的是为了让孩子幸福。现在的老师，都非常重视孩子的学习，这没有问题；我在参加儿子的家长会时发现，老师讲的绝大多数是语文怎么多阅读、数学做题要认真、英语要大声读出来。首先我承认老师讲得没错，并且我们要发自内心地感恩老师！但同时，我也坐在儿子的小板凳上回想自己四十多岁的人生，回想起自己读小学三年级时的一幕一幕。我承认，学习是很重要，但只是阶段性重点；孩子的情商、逆商、德商、财商等家长也不可忽视，因为这些素质到了社会上更加实用。还有，发现孩子的优势，发挥孩子的优势的确应该从小就要抓起——看看周围四十岁左右的同学、同事、朋友，过得幸福的往往是那些找到“准确人生定位”、找到“合适人生位置”的人！

家长培养孩子的终极目的难道不也是让孩子拥有幸福的人生吗？既然如此，何不采取“以终为始”的策略，尽早让孩子找到优势，发挥优势，找准定位，找到位置，认识到生命的意义和价值，过上快乐、幸福的生活？总之，家长培养孩子，终极目的还是为了让孩子幸福，所有的手段都应围绕这个目的服务。

第四，考虑到当今快节奏的生活方式和本人的价值观——认为好书不在字数多，关键是对读者有触动、有帮助。本书字数不算多，也没有过多的长篇大论，而将重点放在对读者的触动和改变上。另外，当今的中国人，特别是年轻人，人人都在玩手机、刷微信，我们认为，微信的确非常方便，里面也有很多有价值的内容，但问题是知识不够系统，只是碎片化阅读，我们认为纸版的书籍有灵魂、有温度，这是书籍的价值所在！

在撰写本书的过程中，参考了很多亲子类图书和网络资料，在这里一并致谢。本书内容如有不当之处，还请大家多多批评指正。

最后，要感谢我的妻子、父母、儿子及其他亲人，他们为本书的出版付出了大量心血；感谢对我本人提供过很多帮助的老师，特别是本书的推荐序作者沃建中老师；感谢对本书的出版做出很多贡献的我的朋友们，他们是邝金武、赵池飞、于安伦、时欣、姚亚兵、王麒麟、田恒琢、陈小萱等，特别是于安伦为本书的内容和校对做出了很大贡献；感谢北京理工大学出版社的各位编辑，特别是边锐老师的大力支持和无私帮助，感恩并祝福大家！